CADERNOS DE PROCESSO DO TRABALHO

N. 1
JURISDIÇÃO, AÇÃO E PROCESSO

Manoel Antonio Teixeira Filho

Advogado – Juiz aposentado do TRT da 9ª Região – Fundador da Escola da Associação dos Magistrados do Trabalho do Paraná — Professor Emérito do Centro Universitário de Curitiba-Unicuritiba – Professor na Escola da Magistratura do Trabalho do Paraná — Membro do *Instituto Latinoamericano de Derecho del Trabajo y de la Seguridad Social* — do Instituto de Direito Social do Brasil — da *Société Internacionale de Droit du Travail et de la Sécurité Sociale* — do Instituto dos Advogados do Paraná — da Academia Nacional de Direito do Trabalho – da Academia Paranaense de Letras Jurídicas – do Instituto dos Advogados de São Paulo.

CADERNOS DE PROCESSO DO TRABALHO

N. 1

JURISDIÇÃO, AÇÃO E PROCESSO

De acordo com a Lei n. 13.467/2017 ('Reforma Trabalhista')

EDITORA LTDA.

© Todos os direitos reservados

Rua Jaguaribe, 571
CEP 01224-003
São Paulo, SP — Brasil
Fone (11) 2167-1101
www.ltr.com.br
Abril, 2018

Produção Gráfica e Editoração Eletrônica: PIETRA DIAGRAMAÇÃO
Projeto de capa: FABIO GIGLIO
Impressão: PIMENTA & CIA LTDA

Versão impressa — LTr 6001.8 — ISBN 978-85-361-9599-5
Versão digital — LTr 9349. 3 — ISBN 978-85-361-9637-4

Dados Internacionais de Catalogação na Publicação (CIP)
(Câmara Brasileira do Livro, SP, Brasil)

Teixeira Filho, Manoel Antonio

Cadernos de processo do trabalho n. 1: jurisdição, ação e processo /
De acordo com a Lei n. 13.467/2017 ('Reforma Trabalhista'). Manoel Antonio
Teixeira Filho. – São Paulo: LTr, 2018.

Bibliografia.

1. Direito processual do trabalho 2. Direito processual do trabalho – Brasil
I. Título.

18-13467   CDU-347.9:331(81)

Índice para catálogo sistemático:

1. Brasil : Direito processual do trabalho
347.9:331(81)

SUMÁRIO

Primeira Parte – Jurisdição

Capítulo I – Resumo histórico...11

Capítulo II – Conceito..14

Capítulo III – Classificação..17

Capítulo IV – A jurisdição trabalhista...21

Capítulo V – Jurisdição voluntária..24

Capítulo VI – Características...26

    a) Território..26

    b) Monopólio..26

    c) Lide..27

    d) Secundária..27

    e) Instrumental...27

    f) Substitutiva...28

    g) Provocada...28

    h) Irrecusável...28

    i) Coercitiva..29

    j) Desinteressada..29

    k) Declaratória, condenatória, constitutiva, mandamental, executiva e cautelar..30

    l) Definitiva...30

Segunda Parte – Ação

Capítulo I – Natureza jurídica da ação..33

    a) Teoria civilista...33

    b) Teoria da ação como direito concreto...36

c) Teoria do direito potestativo..37

d) Teoria da ação como direito abstrato...39

e) Outras teorias...41

f) A ação trabalhista em face das teorias expostas...........................45

Capítulo II – Conceito de ação..50

– Considerações introdutórias...50

– Conceito de ação...53

Capítulo III – Classificação das ações...58

a) Ação de conhecimento..58

b) Ação de execução...64

c) Ação cautelar..68

Capítulo IV – Autonomia da ação..73

Capítulo V – Condições da ação..74

a) Possibilidade jurídica do pedido..75

b) Legitimidade *ad causam*...77

c) Interesse processual..78

– Carência da ação..80

Terceira Parte – Processo

Capítulo I – Conceito...85

Capítulo II – Relação jurídica processual.......................................87

a) Objeto...89

b) Características da relação processual..90

– Complexidade..90

– Dinamismo...91

– Unidade..91

– Triplicidade..91

c) Natureza pública...91

Capítulo III – Natureza jurídica do processo..93

Capítulo IV – Pressupostos processuais...99

1. Pressupostos de existência do processo...99

2. Pressupostos de validade do processo...99

3. Pressupostos de constituição..100

4. Pressupostos de desenvolvimento..100

5. Pressupostos específicos do processo de dissídio coletivo.......................101

    a) Negociação...101

    b) Inexistência de compromisso arbitral..102

    c) Inexistência de instrumento normativo em vigor................................103

    d) Comum acordo...104

Capítulo V – Classificação dos processos..105

    a) Processo de conhecimento...105

    b) Processo de execução...107

    c) Processo cautelar..110

PRIMEIRA PARTE
JURISDIÇÃO

|Capítulo I|

Resumo histórico

A história do direito dos povos registra a existência de um período obscuro, em que se permitia aos indivíduos envolvidos em conflitos de interesses satisfazer as suas pretensões – relativas a bens ou a utilidades da vida – segundo os meios pessoais de que dispusessem: era o execrável período da *autotutela* ou *autodefesa* de direitos (ou de supostos direitos), em que cada litigante atuava, de certa forma, como árbitro exclusivo dos seus próprios atos. Um dos traços característicos desse período era a imposição, de modo quase sempre violento, da vontade de uma das partes à outra.

Sob a óptica dos tempos modernos, não é difícil verificar-se a grande inconveniência desse sistema, em que, permitida a liça marcadamente pessoal e desprovida de quaisquer regras neutrais, subordinantes da atuação dos contendores, a prevalência, no geral, não era do Direito, como seria desejável aos olhos das legislações modernas, mas, sim, da astúcia, da velhacada, da força, da prepotência; equivale a dizer, das classes sociais ocasionalmente detentoras dos poderes político ou econômico.

Conscientizando-se – não sem grande tardança – de que o sistema da *autodefesa* estava a provocar profundas perturbações na harmonia e na estabilidade das relações sociais — e na própria ordem jurídica —, o Estado acabou por tornar defesa a auto-satisfação de interesses individuais (o Código Penal brasileiro, como corolário dessa afirmação, considera crime contra a Administração da Justiça o exercício arbitrário das próprias razões, ainda que destinado a satisfazer pretensão legítima: art. 345), avocando, em caráter monopolístico, o encargo de compor, heterônoma e regradamente, os conflitos de interesses. Desse rígido veto estatal à realização da justiça pelas próprias mãos instaura-se a Justiça Pública; e, com ela, surge essa tríade fundamental, que ainda hoje sustenta os sistemas processuais modernos: a *ação*, a *jurisdição* e o *processo*. Firma-se, a contar desse importante momento histórico, a *ação* como o direito público de invocar a tutela jurisdicional do Estado, nos casos de ameaça de lesão ou de lesão consumada; a *jurisdição*, como o poder-dever estatal de dizer, em caráter irrecusável, com quem está o Direito disputado; e o *processo*, como o método, a técnica, o instrumento, enfim, de que se utiliza o Estado-Juiz para solucionar os conflitos de interesses envolvendo os indivíduos e as coletividades, relativos a bens ou a utilidades da vida.

Podem ser mencionadas, no sistema legal brasileiro, como reminiscências legais do vetusto período da *autotutela* a legítima defesa (CP, art. 21, *caput*) e o desforço físico do possuidor turbado ou esbulhado na defesa da posse (CC, art. 1.210, § 1º), embora, num e noutro casos, se exija que o possuidor aja desde logo, não podendo, todavia, "ir além do indispensável à manutenção, ou restituição da posse".

Empreendendo mais um recuo histórico, devemos dizer que em Roma, na fase da *cognitio extraordinaria*, o rei exercia, por si ou por seus prepostos, o poder de distribuir justiça. Já no período *clássico*, no sistema *formulário*, essa atividade estava afeta aos magistrados superiores, em especial aos pretores, que a desempenhavam sem prejuízo de suas funções de legislar e de administrar.

É interessante observar que no seio dos povos germânicos, que mais tarde invadiram Roma, o poder de distribuir justiça incumbia ao povo, cujas deliberações eram tomadas em assembleias.

Já na Idade Média vamos verificar que os senhores feudais dispunham de um poder jurisdicional, do mesmo modo que a Igreja o tinha, embora relacionado aos assuntos eclesiásticos. A esse tempo, como se nota, a jurisdição era fragmentária, na medida em que não se concentrava em um só poder ou entidade.

Quase ao final do século XVIII, porém, a Revolução Francesa consagrou e tornou efetiva a doutrina da tríplice partição dos Poderes do Estado, sustentada por Charles-Louis de Secondat, Barão de la Brède e de Montesquieu. A contar desse evento de extraordinária significação na história dos povos ocidentais, atribuiu-se o exercício da jurisdição a um Poder específico e independente, o Judiciário. A este cabe, ainda nos dias da atualidade, *dizer o direito* (*iuris dictio*) sobre o qual controvertem as partes, e desde que seja provocado para isso, pois, em princípio, não se permite ao juiz tomar a iniciativa da ação (*ne procedat iudex ex officio, nemo iudex sine actore*). Declara, com efeito, o art. 2.º, do CPC, que o processo começa por iniciativa do interessado, embora possa desenvolver-se por impulso do oficial (magistrado e serventuários).

A jurisdição, todavia, não pode ser entendida apenas como um *poder* do Estado; mais do que isso, talvez, ela corresponde a um indeclinável *dever* estatal. Razões históricas justificam nossa afirmativa, pois, ao invocar o encargo de solver os conflitos de interesses, o Estado fez da jurisdição não somente um seu monopólio, como instituiu, como espécie de compensação jurídica, em prol do indivíduo, conforme dissemos, *o direito de ação*, ou seja, o direito subjetivo público de invocar a tutela jurisdicional do Estado, bastando que o faça nos casos e forma legais. Não pode o Estado, portanto, recusar-se, injustificadamente, a prestar a tutela jurisdicional solicitada, pois a isso está preso por um rigoroso *dever* perante os indivíduos, historicamente assumido. A propósito, é oportuno destacar a regra contida no art. 126, do CPC, de que o juiz não pode se eximir de proferir sentença, alegando lacuna ou obscuridade do ordenamento jurídico (CPC, art. 140), conquanto possa extinguir o processo, sem resolução do mérito, nos casos previstos em lei (CPC, art. 485).

Compreende-se na jurisdição uma trinca de poderes, quais sejam: de *decisão*, de *coerção* e de *documentação*. O *primeiro* consiste em conhecer os fatos narrados na causa, coligir os elementos de prova necessários à formação do convencimento jurídico do magistrado e, por fim, decidir, vale dizer, efetuar a entrega da prestação jurisdicional; esse poder de decisão, ínsito à jurisdição contemporânea, mantém grandes pontos de contato com a *notio* e a *iudicio* do direito romano. O *segundo* (coerção) se manifesta, preponderantemente, no processo de execução, e sua finalidade, em regra, é a de constranger o devedor a adimplir a obrigação contida no título executivo em que se calca a execução. Na execução, sob o aspecto axiológico, há preeminência do credor e sujeição do devedor. Mesmo aqui, o juiz pode realizar atividade típica de conhecimento, como quando interroga as partes, inquire testemunhas (liquidação por artigos, embargos à execução). O *terceiro* (documentação) se origina da necessidade de serem representados por escrito os atos processuais – mesmo no processo eletrônico –, sabido que as palavras voam e os escritos permanecem (*verba volant, scripta manent*).

|Capítulo II|

CONCEITO

Originário da forma latina *iuris* (direito) + *dictio* (dizer), o vocábulo *jurisdição* significa a atribuição legalmente dada ao Poder Judiciário para dizer com que está o direito.

Essa definição lacônica, conquanto possa satisfazer às necessidades acadêmicas, é insuficiente, precária mesmo, do ponto de vista científico. Por isso, enunciamos o seguinte conceito: jurisdição é (1) o poder-dever (2) que a lei atribui (3) ao Poder Judiciário para (4) solucionar os conflitos de interesses (5) entre indivíduos ou coletividades ou entre uns e outros.

Dissemos:

(1) *o poder-dever*, porque, de modo geral, a doutrina, ao elaborar o conceito de jurisdição, exalta, apenas, o traço de *poder*, que lhe é inerente. Não se nega que a jurisdição traduza um *poder* estatal, a revelar-se sob a forma de decisões impositivas. Na mesma medida axiológica e política, entretanto, a jurisdição é um *dever* do Estado. Efetivamente, como dissemos, ao proibir a autotutela (ou autodefesa), em nome da preservação da harmonia e da estabilidade das relações sociais e jurídicas – assumindo, assim, o monopólio da atividade jurisdicional, e considerando crime contra a administração da Justiça o exercício arbitrário das próprias razões –, o Estado assumiu, implicitamente, o compromisso histórico de permitir ao interessado invocar a prestação da tutela jurisdicional com o escopo de promover a defesa de direito, lesado ou na iminência de sê-lo. Sob essa inafastável perspectiva histórico-política, verifica-se que a jurisdição não constitui uma gentileza, um obséquio do Estado para com os indivíduos e as coletividades, senão que um seu *dever* assumido em face destes. A jurisdição é, portanto, uma figura bifronte ou ambivalente: é poder, e é dever. Logo, nos Estados Democráticos de Direito é absolutamente essencial que na elaboração do conceito de jurisdição não se deixe de fazer inflexão, também, no elemento *dever*, que a caracteriza. Esta é, talvez, a mais importante observação que se deva fazer em relação ao assunto.

(2) *que a lei atribui*, porque a jurisdição, assim como a competência, não é de quem a deseja ter, e sim de quem a lei a atribui, de maneira expressa. Um juiz aposentado, por exemplo, já não tem jurisdição.

(3) ao *Poder Judiciário*, pois, em princípio, em nosso sistema constitucional republicano, o julgamento dos conflitos de interesses incumbe ao Poder Judiciário. Em situações excepcionais, no entanto, a Constituição atribui a outros Poderes, que não o Judiciário, para realizar julgamentos. É o que se dá, por exemplo, com o Senado Federal, que possui competência privativa para julgar o Presidente, o Vice-Presidente da República, os Ministros de Estado, os Comandantes da Marinha, do Exército e da Aeronáutica, os Ministros do Supremo Tribunal Federal, os membros do Conselho Nacional de Justiça e do Conselho Nacional do Ministério Público, o Procurador-Geral da República e o Advogado-Geral da União, nos casos previstos nos incisos I e II, do art. 52, da Constituição Federal.

A jurisdição não se resume, porém, a um poder-dever estatal. Ela é, também, função e atividade. *Função*, porque revela a atribuição dos diversos órgãos do Poder Judiciário, dirigida à justa composição dos interesses em antagonismo. *Atividade*, porque consistente no conjunto dos atos que o juiz pratica no processo, no exercício das funções que lhe são cometidas pelo ordenamento legal. Tem-se considerado, do ponto de vista político, secundária a atividade jurisdicional do Estado, ao argumento de que a solução do conflito deveria ser realizada pelas próprias partes nele envolvidas. *Data venia*, isso implicaria um retorno ao primitivo sistema da autotutela, com todos os seus manifestos inconvenientes.

(4) *para solucionar os conflitos de interesses*, pois temos para conosco que esse conflito é o pressuposto fundamental para o exercício da atividade jurisdicional. Quando duas ou mais pessoas manifestam interesse sobre determinado bem ou utilidade da vida, sem que nenhuma delas renuncie a essa pretensão, configura-se o conflito de interesses, na lição carneluttiana, que autorizará a intervenção jurisdicional do Estado, para solucioná-lo – desde que haja expressa provocação por parte do interessado (CPC, art. 2º). Com estas considerações, estamos a afirmar, como consequência lógica, que na denominada "jurisdição voluntária" não há, em rigor, jurisdição (CPC, art. 719 e seguintes), mas simples administração pública de interesses privados.

(5) *entre indivíduos ou coletividades ou entre uns e outros*, uma vez que os conflitos podem dizer respeito a direitos individuais ou coletivos.

A jurisdição possui um sentido territorial, pois os diversos órgãos do Poder Judiciário atuam dentro de um espaço geográfico específico, tenha este como limite o Município (Vara), o Estado (Tribunais Regionais) ou o País (Tribunais Superiores). A competência apresenta um sentido menos amplo, pois consiste na aptidão desses órgãos para, dentre desses limites territoriais, proceder ao julgamento de determinadas causas. Assim, pode até mesmo haver jurisdição sem competência, como ocorreria, por exemplo, no caso de acidente de trabalho ocorrido no Município ou Comarca em que se encontra instalada e em funcionamento uma Vara do Trabalho: o juiz do trabalho, embora possua jurisdição sobre esse território, não detém competência para apreciar esse tipo de lide (incompetência em razão da matéria). A competência é da Justiça Comum estadual. O que não pode haver é competência sem jurisdição. Desta forma, podemos dizer que a competência é a parcela ou a quantidade de jurisdição que o sistema legal atribui aos órgãos jurisdicionais, em seus diversos graus. É correntia, aliás, nos sítios da doutrina a afirmação de que a competência constitui a medida da jurisdição.

|Capítulo III|

Classificação

Traduzindo, a jurisdição, um monopólio do Estado e sendo, a atividade jurisdicional, substancialmente *una*, do ponto de vista ontológico, parecem desrespeitosas dessas suas características expressões como "jurisdição civil", "jurisdição penal", "jurisdição trabalhista", etc. Enfim, a unicidade, que lhe é própria, repeliria qualquer adjetivação. Não é bem assim. Quando se diz ser civil, penal, trabalhista, a jurisdição, não se está ignorando *a unidade* há pouco mencionada, ou pretendendo negá-la: apenas se coloca em relevo a *natureza da lide* submetida à cognição jurisdicional do Estado. Tais razões, a propósito, servem para justificar as locuções "processo civil", "processo penal", "processo trabalhista" e o mais.

A fragmentação da jurisdição em classes possui um escopo somente pragmático e didático.

Há várias maneiras de classificar-se a jurisdição: tudo dependerá do critério que, para esse fim, se venha a adotar.

Entendemos que o critério fundamental é o que considera a natureza jurídica das lides que lhe são submetidas. Em decorrência disso, temos: a) a jurisdição comum; b) a jurisdição especial.

a) *Jurisdição comum*: compreende a civil e a penal. A comum enfeixa a Federal (Const. Fed., arts. 106 a 110) e as Estaduais (*ibidem*, arts. 125 e 126).

b) *Jurisdição especial*: abarca a trabalhista (Const. Fed., arts. 111 a 116), a eleitoral (*ibidem*, arts. 118 a 121) e a militar (*ibidem*, arts. 122 a 124).

Se tomarmos como ponto de partida o critério que considera o nosso sistema confederativo, teremos as jurisdições: a) federal; b) estadual.

Adotada a hierarquia dos órgãos que a exercem, surgem as jurisdições: a) superior; b) inferior. No âmbito da Justiça do Trabalho, aquela é representada pelo Tribunal Superior do Trabalho; esta, pelos Tribunais Regionais do Trabalho e pelas Varas do Trabalho.

Posta à frente a existência, ou não, de lide, poderíamos cogitar de jurisdição: a) contenciosa; b) voluntária. Entretanto, conforme já afirmamos, o que o CPC denomina de jurisdição "voluntária" nada mais é do que administração judicial de interesses privados. Sob este aspecto, pode-se considerar pleonástica a expressão *jurisdição contenciosa*.

Adotando agora como critério a natureza da pretensão deduzida em juízo, podemos identificar a existência de, basicamente, três espécies de jurisdição: *a)* de conhecimento; *b)* de execução; e *c)* cautelar.

a) jurisdição cognitiva

Na jurisdição de conhecimento, o juiz toma ciência dos fatos que são narrados pelas partes, promove a coleta de provas e decide, acolhendo ou rejeitando as pretensões por elas formuladas. Traço marcante dessa jurisdição — e do processo que lhe corresponde — é a incerteza quanto a quem pertence o direito disputado pelas partes; nesse sentido, a sentença representa a *certeza estatal* referente a esse direito — conquanto seja sempre aconselhável observar que o exercício do direito de ação não está subordinado à existência de um direito material. Corolário disso é a ação declaratória *negativa*. O juízo que se formula, ao final do processo de conhecimento, é, portanto, de convicção, de certeza, motivo por que a instrução deve ser aprofundada, conduzindo a uma ampla investigação dos fatos da causa.

A Lei n. 11.232, de 22-12-2005, revolucionou o sistema do processo civil, ao deslocar para o processo de conhecimento a antiga execução autônoma de título judicial. Esse deslocamento, entrementes, foi, apenas, de natureza estratégica, mas não substancial, porque, do ponto de vista da cognição, o procedimento do "cumprimento da sentença" (CPC de 2015, arts. 513 a 538) traduz execução forçada. A propósito, o art. 475-I, do CPC de 1973, declarava que, em se tratando de obrigações por quantia certa, o cumprimento da sentença far-se-ia *por execução*. Essas normas do CPC, em princípio, não incidem no processo do trabalho, pois a CLT contém regra próprias acerca da execução, seja calcada em título judicial, seja em título extrajudicial (arts. 876 a 892).

b) Jurisdição executiva

Na jurisdição de execução se colima a realização prática e coercitiva do direito reconhecido pela sentença emitida no processo de conhecimento ou consubstanciado em título extrajudicial. No processo do trabalho a execução pressupunha, sempre, um título *judicial* — a sentença transitada em julgado ou a homologatória da transação inadimplida (CLT, art. 876). Com a nova redação imposta a esse dispositivo legal pela Lei n. 9.958/2000, o processo do trabalho passou a admitir a execução calcada em termo firmado perante o Ministério Público do Trabalho ou as Comissões de Conciliação Prévia, vale dizer, em determinados títulos *extrajudiciais*.

Enquanto o processo de conhecimento se destina a formular, pela sentença de mérito, a regra jurídica concreta e apta a resolver o conflito de interesses, no de execução a atividade jurisdicional consiste, essencialmente, em fazer atuar, de maneira coercitiva, aquela regra jurídica extraída do processo de cognição. É correto afirmar que a igualdade das partes, caracterizadora do processo de conhecimento e assegurada por imposição legal (CPC, art. 139, I), dá lugar, no de execução, a um nítido *estado de sujeição* do devedor, diante do comando que se irradia do provimento passado em julgado (execução definitiva). Por esse motivo, o art. 797, do CPC, declara que a execução se processa no interesse do exequente, embora advirta que, quando esta puder se realizar por diversos meios, o juiz o juiz determinará que se faça pelo menos gravoso ao devedor (CPC, art. 805).

a) Jurisdição cautelar

Na jurisdição cautelar avulta-se a proteção de direito (ao processo), que se alega estar na iminência de sofrer ofensa grave e de difícil reparação. Deseja-se, por isso, obter uma providência que afaste, atenue ou elimine a situação de periclitância. Pede-se nessa jurisdição, portanto, uma *proteção jurídica imediata.*

Perderam-se no passado as opiniões segundo as quais a jurisdição compreendia apenas o conhecimento e a execução, figurando as medidas cautelares como uma ancila desta última. Carnelutti considerava o processo cautelar simples variedade daqueles dois, entendendo existir um processo de conhecimento *cautelar* e um de execução *cautelar,* ao lado de um processo de conhecimento *definitivo* e de execução *definitivo.* Nota-se que o festejado jurista procurou, com isso, contrastar os processos *definitivos* com as *cautelares,* supondo e enfatizando haver *provisoriedade* nos últimos.

Essas doutrinas incorreram na falha comum de negar qualquer autonomia ao processo cautelar, numa visão distorcida da finalidade das providências acautelatórias; não perceberam que uma das funções da jurisdição consiste em outorgar proteção jurídica ao indivíduo, ante situações de palpável periclitância de direito.

A inegável especificidade dos fins da jurisdição cautelar dá-lhe foros de autonomia e a coloca como um *tertium genus,* ao lado da jurisdição de conhecimento e da de execução.

O CPC de 1973 havia dedicado todo o seu Livro III ao *Processo Cautelar* (arts. 796 a 889). O CPC de 2015, entretanto, alterou, profundamente, o tratamento do tema, ao considerar a *tutela de urgência cautelar* como espécie o gênero *tutela provisória.*

O poder geral de cautela, previsto no art. 798 do CPC de 1973, foi preservado pelo art. 301, do CPC de 2015.

É proveitoso esclarecer que, no processo de conhecimento, se exige cognição aprofundada, exaustiva, porque a sentença de mérito deverá conter um juízo de certeza, de convicção, ao passo que no processo cautelar a cognição é sumária, superficial, porque a sentença que se lançará no final encerrará juízo de mera probabilidade – probabilidade de que o autor demonstre, no processo principal (de conhecimento), a efetiva existência do direito alegado.

Cadernos de Processo do Trabalho n. 1– Jurisdição, Ação e Processo   **19**

Há casos em que a medida cautelar prescinde da existência de processo da mesma natureza. É o que se dá, por exemplo, com a liminar concedida em ação de mandado de segurança (Lei n. 12.016/2009, art. 7º, II), com a liminar outorgada em ação direta de inconstitucionalidade (CF, art. 102, I, "*a*"; Lei n. 9.868/99, arts. 10 a 12), com as liminares destinadas a tornar sem efeito transferência de localidade imposta a trabalhador e a reintegrar no emprego dirigente sindical (CLT, art. 659, incisos IX e X, respectivamente).

|Capítulo IV|

A JURISDIÇÃO TRABALHISTA

Segundo a classificação que apresentamos no Capítulo anterior (III), a Justiça do Trabalho está inserida na jurisdição especial – em contraposição à comum.

Tradicionalmente, a jurisdição trabalhista compreendia:

a) a solução dos conflitos individuais, entre empregados e empregadores "e, mediante lei, outras controvérsias oriundas de relação de trabalho" (CF de 1967, com a Emenda n.° 1/69, art. 142, *caput*). A Constituição Federal de 1988, entretanto, deu um passo à frente ao aludir a conflitos entre trabalhadores e empregadores, mantendo a referência às "outras controvérsias", previstas em lei. O passo mais largo, todavia, foi dado pela Emenda Constitucional n. 45/2004, que passou a referir, apenas, as "ações oriundas da relação de trabalho"(inciso I do art. 114), deitando por terra, deste modo, o antigo paradigma que se fundava, essencialmente, na existência de um *contrato de trabalho* entre as partes. A partir daí, ficou abarcada pela jurisdição (e pela competência) da Justiça do Trabalho também a solução das controvérsias decorrentes das relações jurídicas reguladas pelo Direito Comum, que, antes, eram apreciadas pela Justiça Comum, fosse Estadual ou Federal.

b) a solução dos conflitos coletivos. A Constituição de 1988, em sua redação primitiva (e na mesma linha da Constituição de 1967), atribuía competência aos Tribunais do Trabalho para estabelecer normas e condições de trabalho (art. 142, I). Neste caso, os referidos Tribunais exercitavam uma peculiar *jurisdição normativa.* Peculiar porque, ao contrário da ideia clássica de atividade jurisdicional, que estava concentrada na aplicação da norma legal ao caso concreto (CPC de 1973, art. 126), a jurisdição normativa permitia aos Tribunais do Trabalho *criar* normas destinadas a regular as relações entre as categorias profissional e econômica em conflito, durante certo tempo. A Emenda Constitucional n. 45/2004, contudo, alterou a redação do § 2º, do art. 114, para dispor que, em sede de dissídio coletivo, os Tribunais do Trabalho poderão "decidir o conflito". Não se fez aí, portanto, referência à possibilidade de serem instituídas novas condições de trabalho, fato que levou alguns intérpretes do novo texto a concluírem que a Justiça do Trabalho teria sido destituída de sua tradicional *jurisdição normativa.* Não é esse o nosso entendimento. Pondo de lado, por enquanto, a constitucionalidade, ou não, da pleonástica expressão "comum acordo", constante do texto constitucional em foco, como condição para o exercício da ação ("dissídio") coletiva de natureza econômica, devemos dizer que o conflito coletivo será solucionado conforme sejam os *pedidos* formulados na inicial. E tais pedidos, como é óbvio, versarão sobre a instituição de outras condições de trabalho ou manutenção das condições atuais. Logo, a nosso ver, a despeito da redação inadequada do § 2º, do art. 114, da Constituição Federal, extrai-se a conclusão de que não está no texto – nem esteve na intenção do constituinte – dar fim à *jurisdição normativa* dos Tribunais do Trabalho. A esta inferência chegamos mercê da conjugação dos métodos de interpretação literal, histórico e político da sobredita norma constitucional

c) a solução dos conflitos de interesses transindividuais. Habitualmente, o acesso dos trabalhadores aos órgãos da Justiça do Trabalho, com a finalidade de empreenderem a defesa de seus direitos ou interesses, se dava por uma das duas vias mencionadas nas alíneas anteriores. A Ciência Jurídica, porém, não é estanque; bem ao contrário, reflete o extremo dinamismo das próprias relações sociais, e dos conflitos de interesses que surgem desse relacionamento. Percebeu-se, então, que determinadas lesões de interesses, ou ameaças de lesões, atingiam não somente um indivíduo, senão que um grupo de indivíduos, uma coletividade ou toda a população. Percebeu-se, mais, que a jurisdição e o processo tradicionais eram insuficientes para conduzir a uma justa reparação social do dano acarretado ou para impedir que o dano se consumasse. A partir daí, passou-se a dar à jurisdição e ao processo uma dimensão e uma magnitude nunca antes conhecidas, em nosso meio. Plasmou-se, em razão disso, o conceito de interesses ou direitos *transindividuais*, assim entendidos aqueles que se projetam para além dos limites estritos do círculo jurídico do indivíduo, para alcançar um grupo de pessoas, uma coletividade e o mais. Do ponto de vista normativo, o mérito e a precedência dessa nova visão da atividade jurisdicional e do processo como instrumentos não apenas jurídicos, mas, também, políticos, de atuação do direito e de distribuição de justiça, couberam à Lei n. 8.078, de 11-9-1990, que instituiu o Código de Defesa do Consumidor – CDC, cujos incisos I, II e III, do art. 81, enunciaram os conceitos de interesses ou direitos difusos, coletivos e individuais homogêneos, respectivamente, e nos quais, ainda hoje, a doutrina e a jurisprudência vão abeberar-se.

Mesmo antes do advento do CDC, estava a viger a Lei n. 7.347, de 14-7-1985, disciplinadora do exercício da ação civil pública, que, mais tarde, viria a ser acrescida do art. 21, pela Lei n. 8.098/90, para declarar que a ela seriam aplicáveis, no que coubessem, as disposições constantes do Título III, da Lei n. 8.078/90 (CDC).

A integração das Leis ns. 7.347/85 e 8.098/90 em nosso sistema normativo não só introduziu o Brasil na modernidade jurisdicional, como, acima de tudo, trouxe as coletividades em geral, e em particular a dos trabalhadores, para um eficiente campo de proteção estatal, entendida esta proteção não somente como em sua faceta reparatória, mas, também, preventiva.

No âmbito da jurisdição trabalhista, a proteção dos direitos difusos, coletivos ou individuais homogêneos, dos trabalhadores, é empreendida por meio de ação civil pública – exercida, preponderantemente, pelo Ministério Público do Trabalho ou pelo Sindicato representativo da categoria profissional.

Diferencia-se, fundamentalmente, a ação civil pública promovida para a defesa dos direitos coletivos dos denominados "dissídios coletivos" não tanto pelas partes legalmente legitimadas ao exercício dessas ações, nem pelos limites subjetivos e objetivos da coisa julgada material, nem pela competência hierárquica, mas porque, enquanto nos "dissídios coletivos" os Tribunais do Trabalho podem criar normas destinadas a regular as relações jurídicas entre trabalhadores e empregadores, nas ações civis públicas os órgãos da jurisdição se restringem à aplicação ao caso concreto das normas legais preexistentes – em que pese ao fato de essa aplicação poder ser precedida de uma interpretação atenta aos fins sociais a que a norma se dirige e às exigências do bem comum.

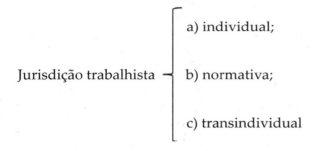

|Capítulo V|

JURISDIÇÃO VOLUNTÁRIA

Fala-se, também, de uma "jurisdição voluntária"; a impropriedade da expressão, contudo, é evidente, sob os rigores da técnica. Não há, aí, partes, mas, interessados; processo, mas, procedimento. Nem o Estado atua de maneira voluntária. Efetivamente, estabelece o art. 720 do CPC que "O procedimento terá início por provocação do interessado, do Ministério Público ou da Defensoria Pública". Onde, pois, o seu caráter de "voluntária"?

Essa suposta jurisdição nada mais representa do que um ato de administração pública de interesses privados realizada pelos juízes. Quando, *v.g.*, a Justiça do Trabalho homologa o acordo extrajudicial a que se referem os art. 855-A a 855-C, da CLT, não está, em rigor, a exercer função jurisdicional e sim, como dissemos, realizando mero ato de administração de interesses privados.

A participação do órgão judiciário, portanto, não é "voluntária", mas, ao contrário, *provocada* pelos interessados. A este respeito, é importante observar a declaração contida no art. 2.º, do CPC, segundo a qual "O processo começa *por iniciativa da parte*" (destacamos).

Dinamarco, todavia, entende que na jurisdição voluntária não há administração, mas atividade jurisdicional, pois aqui também se exige o contraditório, a sentença deve ser fundamentada, há o duplo grau de jurisdição, etc. Argumenta o notável processualista: "Essas características da jurisdição voluntária afastam a tradicional ideia de que ela não teria natureza jurisdicional, sendo *administração*. Na jurisdição voluntária é tênue o escopo jurídico de atuar a vontade do direito, incluído entre as características da jurisdição e do próprio sistema processual, mas isso não basta para desfigurá-la porque o direito moderno dá primazia a outros escopos, notadamente o de solucionar conflitos para pacificar pessoas. A exclusividade do escopo jurídico da jurisdição, própria do período conceitual do direito processual civil, mas repudiada na processualística moderna (...), seria, no passado, uma válida premissa para a negação do caráter jurisdicional à jurisdição voluntária, mas hoje não tem mais essa força. Em todos os casos nos quais o juiz é chamado a exercer a jurisdição voluntária existe sempre uma situação conflituosa e um estado de insatisfação que afligem pessoas e necessitam solução. Pode ser um conflito mais ou menos aparente ou intenso, mais explícito ou menos explícito na demanda apresentada ao juiz e que ele resolverá mais diretamente ou menos – mas é sempre a realidade social de um conflito que leva o juiz a exercer jurisdição voluntária, tanto quanto a contenciosa" (Instituições de Direito Processual Civil, São Paulo: Malheiros Editores, 4. ed., 2004, págs. 320).

Reconhece, esse jurista, contudo, que "Pelo aspecto teleológico, o que distingue a jurisdição voluntária da contenciosa e lhe dá *alguma* dose de autonomia conceitual é a sua destinação de dar tutela jurisdicional a um dos sujeitos do processo, sabendo-se de início a qual deles ela poderá ser dada e excluindo-se que a outro o seja" (*ibidem*, pág. 321). Coerente com seus argumentos, Dinamarco termina conceituando a jurisdição voluntária como "a atividade jurisdicional destinada a pacificar pessoas mediante a tutela a uma delas ou a ambas, em casos de conflitos postos diante do juiz sem confronto entre possíveis direitos de uma e de outra" (*ibidem*, pág. 322).

Poderíamos concordar com o eminente Dinamarco se considerássemos a jurisdição voluntária, exclusivamente, segundo seu aspecto político; dele, porém, discordamos quando olhamos essa jurisdição sob o ângulo técnico. Na jurisdição voluntária, convém repetirmos, não há processo, mas procedimento; não há partes, mas, interessados; nem sempre há conflito, bastando mencionar a homologação do *acordo* de que tratam os arts. 855-A a 855-C, da CLT. Além disso, enquanto na jurisdição típica (contenciosa) o juiz está adstrito ao dever legal de aplicar a Lei ao caso concreto, com vistas à solução do litígio (CPC, art. 140), nos procedimentos de jurisdição voluntária o juiz não está obrigado a observar o critério da legalidade estrita, "podendo adotar em cada caso a solução que reputar mais conveniente ou oportuna" (CPC, art. 713, parágrafo único). Essa conveniência e oportunidade, como sabemos, constituem critérios essencialmente *administrativos* e não, jurisdicionais.

Deste modo, para nós, a jurisdição voluntária consiste na administração pública de interesses privados, por meio de agentes específicos, que são os juízes.

Capítulo VI

CARACTERÍSTICAS

A enumeração das características da jurisdição varia de autor para autor – fato que se atribui à natural idiossincrasia do pensamento humano.

Para nós, as características são estas: a) território; b) monopólio; c) existência de lide; d) secundária; e) instrumental; f) substitutiva; g) provocada; h) irrecusável; i) coercitiva; j) desinteressada; k) declaratória, condenatória, constitutiva, mandamental, executiva e cautelar; l) definitiva.

a) *Território.* A noção de jurisdição está ligada ao espaço geográfico em que o órgão atuará, ou seja, a determinado território. É a "aderência territorial", a que alude certo setor da doutrina. Dessa maneira, a jurisdição dos denominados Tribunais Superiores (Supremo Tribunal Federal, Superior Tribunal de Justiça, Tribunal Superior do Trabalho, Superior Tribunal Militar, Tribunal Superior Eleitoral) abrange todo o território nacional; a dos Tribunais Regionais compreende um ou mais Estados da Federação; a dos órgãos de primeiro grau abarca um ou mais Municípios.

Como o exercício da atividade jurisdicional está limitado, circunscrito, a um território, legalmente definido, sempre que algum ato processual deva ser praticado fora da jurisdição do órgão em que se processa o feito, o juiz deverá mandar expedir carta precatória ou rogatória, conforme seja o caso, ao juízo no qual se dará a realização do ato (CPC, art. 260). Em caráter excepcional, o processo civil autoriza o oficial de justiça a efetuar citações, intimações, notificações penhoras e quaisquer outros atos executivos nas comarcas contíguas, de fácil acesso, ou que se situem na mesma região metropolitana (art. 230). A particularidade de o processo do trabalho haver, desde muito tempo, transposto, com certa ousadia, essa linha geográfica que a lei manda respeitar – procedendo à citação, à intimação ou a prática de outros atos processuais, pelo correio, das partes residentes em outra comarca –, não retira da jurisdição o seu traço de territorialidade.

b) *Monopólio.* Também deixamos dito em linhas anteriores que a jurisdição constitui monopólio estatal, pois o nosso sistema legal não admite o exercício arbitrário das próprias razões, seja pelo particular ou pelo Poder Público, ainda que destinado a satisfazer pretensão legítima, inserindo-o no elenco dos crimes contra a administração da Justiça (Código Penal, art. 345). O banimento da autotutela ou autodefesa foi determinado, historicamente, pela necessidade de pacificação das relações sociais. Só em casos verdadeiramente excepcionais o nosso sistema normativo admite a autotutela de direito, como se dá, por exemplo, no desforço pessoal na defesa da posse (Código Civil, art. 1.210, § 1º), no direito de retenção (*ibidem*, arts. 664 e 1.219), no corte de ramos e raízes de árvores que ultrapassem os limites da propriedade (*ibidem*, art. 1.283).

c) *Lide.* No conceito carneluttiano, a lide se caracteriza por uma pretensão resistida e insatisfeita, equivale dizer, por um conflito de interesses, tendo como objeto um bem ou uma utilidade da vida. No sistema do Código de Processo Civil de 1973, *lide* corresponde a *mérito* da causa (Exposição de Motivos, Capítulo III, "Método da Reforma", inciso II: "Da terminologia do Projeto", item 6). O CPC de 2015 preferiu o uso do vocábulo *mérito*, no lugar de *lide*. Em essência, são sinônimos entre si. Em nossa opinião, só se deve cogitar de *jurisdição* quando houver conflito de interesses. Por isso, entendemos que a expressão "jurisdição voluntária", consagrada pelo legislador e pela praxe, contém uma contradição nos termos. O que se deseja designar por meio dessa expressão, na verdade, são determinados interesses privados administrados pelo Poder Judiciário, como ocorre nos casos dos arts. 719 a 770, do CPC.

d) *Secundária.* Sob o pressuposto de que o conflito de interesses deveria *naturalmente* ser solucionado de maneira espontânea pelas próprias partes nele envolvidas, certo segmento da doutrina afirma que a jurisdição se revela como uma atividade *secundária* do Estado, levando-se em conta o fato de que essa atividade não se insere no elenco das atividades *essenciais*, ou seja, daquelas que motivaram a instituição da entidade estatal. Pomos em dúvida essa secundariedade como um dos traços característicos da jurisdição brasileira, tendo em vista a resplandecente declaração de princípios inscrita no art. 1º, de nossa Constituição, conforme a qual a República Federativa do Brasil, constituída em Estado Democrático de Direito, se funda, dentre outros princípios, no da soberania, da cidadania; da dignidade da pessoa humana, dos valores sociais do trabalho e da livre iniciativa (incisos I a V). Como a asseguração concreta desses princípios constitucionais se realiza, nos casos de resistência à atuação espontânea deles, por meio da atividade jurisdicional, parece-nos que esta atividade não pode ser eliminada dos fins essenciais do Estado. Nem ignoremos a particularidade relevante de a enumeração dos direitos individuais e coletivos, assim como dos direitos sociais, estar contida no Título II, da Constituição Federal, que versa sobre os direitos e garantias *fundamentais*.

e) *Instrumental.* Como o objetivo essencial da jurisdição consiste em fazer que com as normas legais e as regras jurídicas atuem no campo da realidade prática, pode-se reconhecer como uma das suas características a instrumentalidade. Dessarte, a jurisdição é o instrumento de que o Estado se utiliza, de maneira coativa, para fazer com que os indivíduos e as coletividades cumpram as leis e respeitem os direitos alheios. Considerada a jurisdição como esse instrumento

Cadernos de Processo do Trabalho n. 1– Jurisdição, Ação e Processo   27 estatal, não podemos deixar de identificar o processo como o "instrumento do instrumento", pois é por intermédio deste que a atividade jurisdicional se desenvolve. Esta mesma característica tem sido denominada, por outros autores, de "escopo jurídico da atuação do direito".

f) *Substitutiva*. Como o sistema legal veda ao indivíduo e às coletividades a realização de justiça por mãos próprias, é correto dizer que a atividade que o Estado realiza, por intermédio de seus órgãos jurisdicionais, substitui a das partes envolvidas no conflito de interesses. A substituição, aqui, se verifica no plano das atividades e não das pessoas. Se assim não fosse, o Estado-Juiz se tornaria parte, o que seria inconcebível, sob o ângulo do dever de neutralidade dos órgãos jurisdicionais. O juiz, no exercício de suas funções institucionais, não pode ser parte na causa (CPC, art. 144, IV), sob pena de o desrespeito a essa regra fundamental autorizar o seu afastamento da condução do processo, por meio de exceção (CLT, arts. 799 a 802) e, quando for o caso, ensejar o exercício de ação rescisória da sentença emitida no processo contaminado por sua presença e atuação ilegais (CPC, art. 966, II).

g) *Provocada*. Os juízes civis e trabalhistas não podem prestar a tutela jurisdicional sem que o interessado a requeira, nos casos e forma previstos em lei (CPC, art. 2º). A jurisdição se mantém, pois, em um estado de inércia; para que essa atividade estatal seja deflagrada é necessário que o interessado a provoque, a torne ativa. Assim o é, porque não conviria à paz social, nem ao indeclinável dever de imparcialidade do juiz, que este prestasse, por sua exclusiva iniciativa, a tutela jurisdicional. Teríamos, com isso, os juízes fomentadores de lides. Uma vez regularmente provocada a atividade jurisdicional, por meio de petição (dita, por isso mesmo, de inicial), o processo se desenvolverá *ex officio*, ou seja, por iniciativa do juiz (CPC, art. 2.º). Os Juízes do Trabalho, em particular, podem tomar a iniciativa da execução, desde que as partes não estejam representadas por advogado (CLT, art. 878, *caput*).

Poder-se-ia imaginar que a norma do art. 39, da CLT, contradiz a nossa afirmação de que a jurisdição trabalhista não pode ser exercida *ex officio*. O que está expresso nesse texto legal é que se as alegações do empregador, feitas à Delegacia Regional do Trabalho, versarem sobre a inexistência de relação de emprego, ou sendo impossível verificar essa condição pelos meios administrativos, "será o processo encaminhado à Justiça do Trabalho ...)". Mesmo neste caso, a Justiça não estará agindo por sua iniciativa, e sim, por provocação da Delegacia Regional do Trabalho, que, por sua vez, fora provocada pelo trabalhador (CLT, art. 36).

h) *Irrecusável*. Em princípio, todas as pessoas estão sujeitas à jurisdição. Ninguém a pode recusar. Excetuam-se as embaixadas estrangeiras, por deterem imunidade de jurisdição. O princípio da irrecusabilidade da jurisdição – aqui examinado como uma das características desta – faz, por exemplo, com que o processo se desenvolva mesmo sem a presença do revel, vale dizer, à revelia. O que ao réu se assegura é o direito de ser citado para ação, sob pena de nulidade processual, e de intervir no processo, recebendo-o no estado em que se encontrar (CPC, art. 336, parágrafo único). Mesmo assim, o revel terá direito de produzir provas, contrapostas às alegações do autor, desde que se faça representar nos autos a tempo de praticar os atos processuais indispensáveis a essa produção (CPC, art. 349).

i) *Coercitiva*. A jurisdição não somente é irrecusável, como as decisões proferidas pelos seus diversos órgãos são coercitivas, ou seja, impostas à parte. Dentre os meios legais de imposição dos pronunciamentos jurisdicionais condenatórios mencionam-se a apreensão de bens, em sentido amplo (arresto, sequestro, penhora, bloqueio *on-line* de numerários), a cominação de multa pecuniária e a prisão do responsável pelo adimplemento voluntário e inescusável de prestação alimentícia, assim como do depositário infiel (Const. Fed., art. 5.°, LXVII). Lamentavelmente, contudo, o STF, deitando por terra a expressão literal da precitada norma constitucional, adotou a Súmula Vinculativa n. 25, para dispor ser "ilícita a prisão civil de depositário infiel, qualquer que seja a modalidade do depósito".

j) *Desinteressada*. Para que as pessoas possam ingressar em juízo é indispensável que possuam, além de legitimidade, interesse processual. O art. 3º, do CPC de 1973, ao declarar que seriam essenciais o interesse e a legitimidade para propor ou contestar ação, acabou por dizer menos que que pretendia (ou deveria), pois se sabe que esses requisitos eram também necessários para excepcionar, reconvir, recorrer, contra-arrazoar, impugnar, embargar – enfim, para que se possa praticar qualquer ato em juízo. O CPC de 2015 não incorreu no mesmo erro, pois afirma que o interesse e a legitimidade são necessários "para postular em juízo" (art. 17). São, enfim, *condições* imprescindíveis para o exercício do direito constitucional de ação (CF, art. 5.° XXXV).

Com estas considerações, estamos pretendendo demonstrar que o que leva a pessoa a invocar a prestação da tutela jurisdicional do Estado é o *interesse* – que se liga à defesa de um bem ou de uma utilidade da vida. As partes são, por natureza, pessoas que possuem interesses manifestados na causa. A jurisdição, ao contrário, se caracteriza por ser "desinteressada". Isto significa que os magistrados, por força de seu indeclinável dever de neutralidade, não podem possuir interesse pessoal na causa. O que o magistrado possui são poderes e deveres. Um seu interesse no objeto do litígio o tornará suspeito (CPC, art. 145, IV), motivo por que poderá ser recusado e afastado do processo por iniciativa da parte, que, para isso, fará uso da exceção de suspeição (CLT, art. 799).

É elementar que se o magistrado for parte em determinada causa (cível, por exemplo), ele estará, aí, promovendo a defesa de um seu interesse. Quem não pode ter interesse nessa causa é o juiz que a julgará. A este respeito, é importante observar que que houver uma causa na qual todos os membros da magistratura estejam, direta ou indiretamente, interessados, a competência para julgá-la será do Supremo Tribunal Federal (CF, art. 102, I, "*n*"; STF, Súmula n. 731).

k) *Declaratória, condenatória, constitutiva, mandamental, executiva e cautelar.* Se tomarmos a sentença não somente como uma das formas de pronunciamento jurisdicional, senão que a mais importante delas, não encontraremos dificuldade em nomear como elementos característicos da jurisdição a declaratividade, a constitutividade, a condenatoriedade, a mandamentalidade, a executividade e a cautelariedade – sem nos consentirem o uso desses neologismos.

l) *Definitiva.* Os pronunciamentos da jurisdição, quando submetidos ao fenômeno da coisa julgada material (CPC, art. 502), se tornam imutáveis, portanto, definitivos – ressalvada a possibilidade do exercício da ação rescisória, no prazo) e nos casos previstos em lei (CPC, art. 966). Quando se afirma, pois, que um dos elementos característicos da jurisdição é o ser definitiva, se está exaltando a imutabilidade da coisa julgada material, como qualidade dos pronunciamentos realizados pelos órgãos do Poder Judiciário.

SEGUNDA PARTE
AÇÃO

|Capítulo I|

NATUREZA JURÍDICA DA AÇÃO

Várias teorias surgiram acerca da natureza jurídica da ação. Vejamos as principais delas.

a) Teoria civilista

A doutrina do direito romano — tendo em *Celso* um dos seus preeminentes representantes — concebia a ação como o direito de postular em juízo o que fosse devido (*actio nihil aliud est quam ius persequendi in iudicio quod sibi debeatur*); em virtude disso, ação e processo eram considerados simples capítulos do direito material, sem que lhes fosse reconhecida qualquer autonomia científica.

Mais tarde, juristas de diversas nacionalidades — embora sob acentuada influência da concepção romana — empenharam-se na investigação a respeito da *natureza jurídica* da ação. Resultado dessa intensa prospecção doutrinária foi o surgimento da teoria (ou escola) *civilista* (também dita clássica, ou imanentista), que encontrou em Savigny o seu agente de difusão e de consequente consolidação. Em breve tempo, a grande maioria dos pensadores aderiu a essa doutrina, dentre os quais alguns brasileiros, como foi o caso de João Monteiro.

De acordo com a teoria em foco, a ação representa o próprio direito material em estado de reação a uma violência, já concretizada ou na iminência de vir a ser; por outros termos, a ação fica reduzida à mera qualidade do direito substancial. Em decorrência da profunda infiltração dessa doutrina no pensamento de quase todos os juristas da época, os conceitos de ação, que estes vieram a formular, conduziam a certas conclusões comuns, que podem ser assim sintetizadas: 1) inexiste ação sem direito material; 2) não há direito sem ação que o assegure; 3) a ação se subordina à natureza do direito material lesado ou ameaçado.

É certo que cada jurista procurou deixar a marca de sua individualidade ao enunciar uma opinião acerca da natureza jurídica da ação, conquanto permanecesse a uni-los o princípio medular de que a ação estava umbilicalmente ligada ao direito material, que lhe dava — por assim dizer — expressão jurídica. Daí por que Savigny definiu a ação como o direito substancial a movimentar-se em consequência da violação sofrida; para Vinnius ela representava o direito material em estado de guerra, reagindo contra a ofensa ou a ameaça; Mattirolo a

Cadernos de Processo do Trabalho n. 1– Jurisdição, Ação e Processo   **33**

considerava uma posição assumida pelo direito; Filomusi Guelfi, por seu turno, identificava na ação uma propriedade, elemento, qualidade, função, anexo do direito material, ou seja, mantinha a posição central da doutrina civilista, aos olhos da qual a ação surge como o próprio direito subjetivo material assumindo uma atitude de reação a um constrangimento.

Ao dispor, a propósito, em seu art. 75, que "A todo direito corresponde uma ação, que o assegura", o Código Civil Brasileiro de 1916 demonstrava haver incorporado a doutrina civilista da ação, sendo proveitoso ressaltar que o citado Código, instituído pela Lei n. 3.071, de 1º de janeiro de 1916, entrou em vigor a 1º de janeiro do ano seguinte (art. 1.806), sendo, posteriormente, revogado (Lei n. 10.406, de 10 de janeiro de 2002). O novo Código não repetiu a norma contida no anterior.

Essa teoria, contudo, acabou — em virtude do amadurecimento das reflexões sobre o tema — recebendo duras objeções, na medida em que ficava a dever uma explicação juridicamente razoável diante de certas indagações, como qual teria sido o direito de o autor provocar o exercício da função jurisdicional do Estado quando a sentença viesse a declarar que *não* possuía o direito alegado. Com efeito, se, na linha de entendimento da doutrina civilista, a ação nada mais representa do que um reagir do direito a uma lesão ou ameaça, como justificar que o autor teve, na hipótese, ação sem possuir o "correspondente" direito material? A mesma dificuldade lógica é enfrentada por essa teoria em face das ações declaratórias *negativas*, cuja finalidade é, caracteristicamente, obter um provimento jurisdicional declarativo da *inexistência* do direito material ou da relação jurídica. Tais ações ainda estão presentes nos ordenamentos processuais modernos, como revela o art. 4º do nosso CPC, em que o interesse do autor pressupõe exatamente a *inexistência de relação jurídica.*

Em meados do século XIX — precisamente em 1856 — Bernard Windscheid, professor na Universidade de Greifswald, publica a sua obra "A ação no direito romano sob o ponto de vista do direito atual", que viria a provocar famosa cinca com Theodor Müther, professor na Universidade de Könisberg, quanto ao conceito *da actio* no direito romano e seu desenvolvimento no plano do direito contemporâneo.

Em seu livro, Windscheid empenhou-se, basicamente, em: *a)* demonstrar a profunda diversidade entre os sistemas jurídicos de Roma e os do mundo moderno, considerando que aquele era um sistema de *actiones,* razão por que somente por intermédio da *actio* é que se poderia chegar ao *ius; b)* traduzir, em linguagem avançada, os termos romanos relativos ao mencionado sistema; *c)* opor-se à comparação, feita pelos estudiosos modernos, entre a *actio* e a ação atual.

Chega Windscheid à conclusão de que a *actio* romana constitui um fenômeno que é representado, no direito contemporâneo, pela denominação Anspruch ("pretensão") consistente na "faculdade de impor a própria vontade em via judiciária". Informa Pugliese que o conceito de Anspruch, formulado por Windscheid, foi introduzido no Código Civil alemão (BGB, § 194), na parte referente à prescrição da pretensão (in *"Introduzione intorno all'actio"*, Betti, Ragione e Azione, pág. 206, nota 3).

A obra de Müther (*"Zur lehre von der romischen Actio, dem heutigen Klagerecht, der litiscontestation und der Singularsucession in Obligationem"*), escrita em 1857, se caracteriza por três aspectos essenciais: 1) tentativa de reaproximar os conceitos romano e moderno de *actio* e ação; 2) declaração de que o sistema romano o *ius* tinha preeminência em relação à *actio*; 3) a definição da *actio* segundo o direito à tutela jurídica, em que era titular passivo o magistrado e não o adversário.

Em suma, para Müther a ação se diferençava do direito subjetivo material tanto pela diversidade do sujeito passivo quanto pelo fato de existirem direitos não protegidos pela ação. Ao contrário de Windscheid, sustentou que o ordenamento jurídico romano não era um sistema de ações e sim de direitos, à feição dos sistemas jurídicos contemporâneos.

No mesmo ano, Windscheid dá a público outra obra, sob o título "A *actio* — réplica a *Th. Müther*", na qual reafirma o pensamento exposto no livro anterior; esse trabalho encerra a disputa, ardentemente travada, entre os dois juristas.

Na observação de Chiovenda, essa polêmica, embora não tenha conduzido a resultados definitivos — porquanto as discussões que dela se irradiaram não conseguiram aclarar de todo o assunto — teve o indiscutível merecimento de suscitar um amplo e profundo debate em um campo em que quase tudo estava para ser desbravado (*"La acción en el sistema de los derechos"*, in *"Ensayos de Derecho Procesal Civil"*, vol. I, trad. argent., pág. 3 e segs.).

É correto afirmar-se, de outro ângulo, que a cizânia surgida entre os dois ilustres romanistas alemães revelou que o direito material e a ação possuem conteúdos próprios, inconfundíveis, o que representou, sem dúvida, um grande progresso dos estudos doutrinários respeitantes à ação.

Para Müther, *v.g.*, a ação consistia no direito de obter a tutela jurisdicional do Estado, cujo exercício era reconhecido a quem houvesse sofrido alguma lesão de direito. A contar daí, ele fixou o seu entendimento quanto a ser a ação um direito que se exerce contra o Estado, ao qual o indivíduo invoca a tutela jurisdicional. Apresenta-se a ação, desse modo, como um direito público subjetivo, desvinculado de qualquer direito material. O pensamento de Müther rompeu com a doutrina civilista da ação, que, como vimos, sustentava ser esta simples manifestação do direito substancial.

b) Teoria da ação como direito concreto

Em 1885, Adolfo Wach, influenciado pela doutrina de Müther, dá a lume a sua importante monografia a respeito da ação declaratória; esse trabalho — que se tornou célebre — é apontado como a mais notável contribuição ao advento da moderna teoria do processo; o próprio Wach é considerado um dos fundadores do direito processual contemporâneo.

Na obra, o grande jurista demonstrou ser a ação um direito autônomo, sem qualquer liame com o direito material que ele acaso vise a proteger; a ação não pressupõe, consequentemente, a existência de um direito material, que constituiria a sua razão de ser. Dentro dessa construção, Wach pôde argumentar com a *ação declaratória negativa,* cujo objetivo reside, precisamente, na obtenção de um provimento jurisdicional que diga da inexistência da relação jurídica ou do direito substancial aventado. Dessa forma, se o que o autor deseja conseguir, em tal tipo de ação, é uma declaração jurisdicional quanto à não-existência do direito material, como se poderia afirmar que a ação estaria a proteger um direito que inexiste?

Podemos afirmar, diante disso, que o argumento de Wach — lastreado na ação declaratória negativa — deitou por terra, em definitivo, a teoria civilista da ação.

Na óptica de Wach, a ação era dirigida contra o Estado e contra o adversário, com o intuito de conseguir a tutela jurisdicional. Contra o Estado, porque este se situa na obrigação indeclinável de administrar justiça; desse posicionamento estatal o renomado jurista tira a conclusão de que a ação assume foros de direito público subjetivo. Para ele, entretanto, a tutela jurisdicional deve ser consubstanciada em uma sentença *favorável* ao autor, a expressar que o direito de ação fica na dependência do atendimento de certos requisitos de direito material, como as condições da ação, e de direito formal, como os pressupostos processuais; segue-se, que ausentes tais requisitos não haverá a entrega da prestação jurisdicional invocada, nem ação. Esse fato levou a denominar-se de teoria do direito *concreto* à tutela jurídica a doutrina em questão.

Von Büllow, por sua vez, reconheceu que a relação de direito material é distinta da relação jurídica processual; há no processo, diz ele, duas relações, que não se confundem, cabendo ao julgador examiná-las: "O juiz tem de decidir não só sobre a existência do direito controvertido, mas também para conhecê-lo, examinar se concorrem os requisitos de existência do próprio processo; deve verificar assim, além da questão relativa à relação jurídica litigiosa (*res in iudicio deducta*), também a concernente à relação jurídica processual (*iudicium*). Esse dualismo da matéria processual desde sempre existiu, determinado pela estrutura do procedimento judicial. Ele conduz a uma divisão do processo em duas fases, do qual uma delas é dedicada ao exame da relação jurídica material e outra à verificação dos pressupostos processuais" (*apud* Ernane Fidelis dos Santos, "Introdução ao Direito Processual Civil", Rio, Forense, 1978, pág. 49).

A importância do pensamento de Büllow para a evolução da ciência processual pode ser medida pelo abalizado depoimento do Prof. James Goldschmidt: *"la teoría de la relación juridica procesal y de sus presupuestos forma la base de todos los sistemas del proceso, siendo indudable que a partir de* Büllow, *y no antes, comienza a formarse una Ciencia propia del Derecho Procesal"* ("Teoría General del Proceso", Barcelona, Editorial Labor S.A., 1936, pág. 15).

c) Teoria do direito potestativo

Tempos depois, Chiovenda — discípulo de A. Wach — desenvolve a teoria da ação como direito concreto de agir, embora impondo-lhe modificações em pontos fundamentais. Efetivamente, a despeito de considerar a ação um direito autônomo — conforme proclamara a doutrina alemã —, Chiovenda sustenta que ela não é dirigida contra o Estado e sim contra o adversário; assim sendo, a ação é identificada como o direito de provocar, contra a parte contrária, o exercício do poder-dever estatal, a que se chama jurisdição.

Para o mestre italiano, o titular do direito subjetivo de ação tem o direito (que também é um poder) de produzir, em seu benefício, o efeito de provocar o funcionamento da atividade jurisdicional do Estado, relativamente ao adversário, sem que este possa impedir referido efeito. O direito de ação se caracteriza, em razão disso, pela potestatividade e se afirma como um direito destinado a produzir resultados jurídicos, em prol do autor, com o consequente ônus para a parte contrária, que, como se disse, nada pode fazer com vistas a obstar a produção desses efeitos.

Com o intuito de esquivar-se das críticas formuladas à teoria civilista da ação, Chiovenda edificou engenhosa teoria geral do direito, na qual a norma legal representa a *vontade abstrata da lei*. Destarte, quando se verifica a ocorrência do fato nela previsto, a vontade da lei se manifesta concretamente, com o objetivo de garantir ao autor a consecução de um bem da vida. Essa garantia é realizada: *a)* mediante a prestação, pelo devedor, de maneira a assinalá-la como um direito subjetivo à prestação; *b)* na ausência da prestação, obtém-se a garantia pelo direito subjetivo de ação, que o Estado coloca ao alcance do indivíduo. Um e outro direito, conseguintemente, promanam da mesma vontade concreta da lei.

Na teoria chiovendiana, como se percebe, a função jurisdicional sobressai como a de atuar a vontade da lei, com a finalidade de manter a ordem jurídica. Essa função é privativa do Estado, que a exercita mediante provocação do interessado e sem que se dê à parte adversa o direito de impedir tal provocação.

Por aí se vê que o ato de invocar a tutela jurisdicional figura, na doutrina de Chiovenda, como condição (essencial) à atuação da vontade concreta da lei, respeitando, portanto, o *princípio da demanda* — consagrado pelo atual CPC, no art. 2º — conforme o qual o juiz não deve atuar por sua iniciativa (*ne procedat iudex ex officio*); logo, não se permite que o Estado preste a tutela jurisdicional sem que o autor a requeira (*nemo iudex sine actore*).

Em termos objetivos, a habilidosa teoria elaborada por Chiovenda significa que a afirmação de alguém possuir ação corresponde ao reconhecimento de que essa pessoa é dotada do poder jurídico de provocar, por força de seu pedido realizado em juízo, a atuação jurisdicional, ou seja, a própria atuação da vontade da lei ("Instituições", vol. I, n. 6, pág. 53).

O direito de ação pode ser público ou privado, patrimonial ou não, segundo seja a vontade concreta da lei que lhe deu origem.

O pensamento de Chiovenda exerceu larga influência na Itália, onde surgiu, e em vários outros países; nada obstante hoje se encontre, no particular, sem o mesmo prestígio de outrora. Algumas objeções foram feitas a essa teoria: argumentou-se, por exemplo, que ela não era capaz de justificar qual teria sido o poder que permitiu ao autor provocar o exercício da função jurisdicional do Estado — e movimentar a máquina judiciária — quando se declarar que ele não possui o direito de ação. É verdade, contudo, que algumas vozes se levantaram para combater essa objeção, mediante a advertência de que não se deve confundir o direito de ação com a faculdade de pedir ao Judiciário que diga com quem está o direito, sabendo-se que essa faculdade estabelece nexo com a relação processual e não com o direito de agir (Amílcar de Castro, "Comentários ao Código de Processo Civil", vol. X, tomo 1º, 2ª edição, n. 19, pág. 47).

Essa doutrina se assentava na trilogia: direito — titularidade — interesse, quer dizer, exigia como requisito fundamental: *a)* a existência de um *direito; b)* que somente poderia ser postulado por quem fosse o seu *titular; c)* devendo o autor possuir *interesse* na consecução de uma sentença que lhe fosse favorável.

Embora se fizesse aqui a separação entre direito material e direito de agir em juízo, entendia-se que o decreto judicial que negasse a ação poria fim ao processo com julgamento do mérito, exatamente porque a concepção predominante era de que a ação constituía um direito ao julgamento *favorável* às pretensões do autor. Disse Calamandrei: "Os três requisitos devem concorrer a fim de que se possa considerar nascida a ação, entendida no sentido concreto, como direito à providência favorável; a falta de um só deles determina igualmente que seja repelida a demanda no mérito" ("Instituições", vol. I, pág. 129).

Conforme anota Ernane Fidelis dos Santos, ao constatar-se que o direito de agir em juízo tem como escopo conseguir um pronunciamento jurisdicional acerca da *res in iudicio deducta*, ainda que seja desfavorável ao autor, logo se percebeu que o sujeito passivo do direito de ação é o próprio Estado e não o adversário, na medida em que pertence àquele o encargo de prestar a tutela jurisdicional. Assim sendo, o fim desse direito não é providência favorável ao interesse do autor e sim um pronunciamento respeitante ao mérito. Também não era o direito de agir um direito potestativo, "pois que ele não existe como uma faculdade de se realizar, independentemente da atuação da outra parte, pois sendo o Estado o sujeito passivo do direito de ação, ele não se realiza sem sua atuação, que consiste, correlatamente, na obrigatoriedade de ele, Estado, prestar a tutela jurisdicional" (obra citada, pág. 55).

d) Teoria da ação como direito abstrato

Contrapondo-se à teoria da ação como um direito concreto de agir, e que pressupunha a obtenção de uma sentença favorável ao autor, formou-se na Alemanha uma outra, denominada de teoria da ação como direito *abstrato* de agir. Dagenkolb, na Alemanha, e Plosz, na Hungria, foram os seus eminentes representantes.

Proclamaram esses juristas que haveria ação mesmo quando a sentença negasse a existência do direito invocado pelo autor, ou concedesse o direito a quem realmente não o possuísse. Com isso, estabeleceu-se uma nítida e definitiva separação entre a ação e o direito material, sustentando-se que aquela, para existir, não depende da presença deste.

O direito de agir em juízo prende-se unicamente a que o autor aluda a um seu interesse, protegido de modo abstrato pelo direito, incumbindo ao Estado, a partir daí, exercer a função jurisdicional que lhe é privativa, ainda mesmo que seja para proferir uma sentença oposta ao interesse manifestado pelo autor. Ao direito de ação corresponde, pois, a obrigação de o Estado prestar a tutela jurisdicional, e de compelir o réu a participar do juízo. Consagra-se, aí, a ação como autêntico direito público subjetivo, preexistente ao processo e sem qualquer vínculo com o direito material alegado. Justamente porque essa teoria desvincula a ação do direito substancial é que se lhe atribuiu o apropriado designativo de teoria do direito *abstrato* de agir.

Na Itália, a teoria em pauta foi refutada por Chiovenda, em que pese ao fato de Alfredo Rocco a ter acolhido, com algum entusiasmo, dando-lhe, inclusive, base doutrinária própria. Rocco pôs em destaque a particularidade de o Estado haver avocado o encargo de solver, com exclusividade, os conflitos de interesses ocorrentes entre os indivíduos, tornando-lhes proibido, em razão disso, fazer justiça pelas próprias mãos. Aquele cujo direito foi violado, ou se encontra ameaçado de sê-lo, deve, portanto, solicitar ao Estado que preste a tutela jurisdicional que monopolizou, a fim de que o direito seja reparado ou a ameaça, afastada.

Rocco separa, com sua teoria, duas classes de interesses: de um lado, o interesse protegido pelo direito; de outro, o interesse na tutela desse direito, pelo Estado. É do festejado jurista a afirmação de que "Toda pessoa, que é titular de interesses tutelados pelo direito, tem interesses em que o Estado intervenha para satisfação de seu interesse" — quando deixar de atuar a norma legal que o tutela, acrescentamos.

Dessa maneira, os titulares de direitos subjetivos têm um único interesse abstrato e secundário em conseguir a interveniência estatal com o propósito de realizar os interesses protegidos pelo direito. O interesse secundário é o de agir no sentido de eliminar os obstáculos opostos ao atingimento do interesse principal; interesse secundário e tutelado pelo Estado, via normas processuais. Disto decorre ser também um direito subjetivo e autônomo. Tal direito subjetivo, tendo como componentes o direito secundário, revela o direito de ação, que é abstrato e geral, não se subordinando à existência de um direito subjetivo material.

O direito de ação, para Alfredo Rocco, é um direito público subjetivo do indivíduo contra o Estado "e só contra o Estado, que tem por conteúdo substancial o interesse secundário e abstrato na intervenção do Estado para a eliminação dos óbices que a incerteza ou a inobservância da norma aplicável ao caso concreto possam opor à realização dos interesses tutelados" (*apud* Moacyr Amaral Santos, "Primeiras Linhas de Direito Processual Civil", 1º vol., São Paulo: Saraiva, 1978, pág. 130).

Ugo Rocco, por sua vez, também viu na ação um direito abstrato de agir, um direito público subjetivo, introduzindo-o na categoria dos direitos *cívicos*, a ser exercido contra o Estado e não contra o adversário.

Sem afastar-se da concepção nuclear da doutrina em estudo, Betti edificou peculiar teoria, mediante a articulação de duas figuras jurídicas: a pretensão e a ação. A primeira é tida como a alegação de uma efetiva e concreta situação de direito, abstratamente considerada, formulada pela parte que invoca a tutela jurisdicional e apresentada como justificativa dessa mesma invocação; a segunda consiste no poder de dar início ao processo. Levando em conta que a ação, na espécie, representa o veículo para realizar a pretensão, Ugo Rocco a conceitua como o poder jurídico, que se outorga ao indivíduo, de provocar a atuação jurisdicional da lei, visando a satisfazer uma pretensão.

Para Betti, em síntese, o direito de ação não contém vínculos com a existência objetiva da situação de direito afirmada, porquanto se relaciona com a afirmação da pretensão deduzida em juízo.

Carnelutti, como geralmente acontece, é incluído entre os juristas que aderiram à teoria da ação como direito abstrato de agir. Parece-nos correta, porém, a observação de *Moacyr Amaral Santos* (obra cit., pág. 131) de que essa inclusão decorre, acentuadamente, do fato de *Carnelutti* não haver condicionado — como pressuposto necessário — a ação à efetiva presença do direito material invocado pelo autor. De resto, a doutrina carnelutiana mantém poucos pontos de contatos com a teoria de que estamos a cuidar.

Realmente, a doutrina do notável jurista italiano se caracteriza por haver efetuado uma fundamental disjunção da lide e do processo, no plano dos conceitos. Lide, para ele, é o conflito de interesses qualificado pela pretensão de um indivíduo (autor), a que um outro se opõe (réu). São quatro os elementos integrantes da lide: 1) as partes, que representam os sujeitos ativo e passivo da relação processual; 2) o objeto do interesse, vale dizer, um bem da vida; 3) a pretensão, que corresponde à exigência de submissão de outrem ao interesse do autor; 4) a resistência à pretensão, manifestada pelo réu ou interessado.

Já o processo é visto como método utilizado pelo Estado para fazer atuar o direito. O escopo do processo é, por isso, não o interesse em litígio e sim a composição da lide, o seu solucionamento jurisdicional.

Passo de extrema relevância, dado por Carnelutti, foi o de reconhecer na ação um direito de obter um pronunciamento jurisdicional a respeito da lide *in iudicio deducta*, ainda que contrastante com o interesse do autor. O elemento propulsionador da ação não é, portanto, o interesse sobre o qual controvertem as partes e sim a justa composição da lide. Como consequência prática desse entendimento, pode ter ação mesmo quem não possuir o direito material subjetivo alegado em juízo. É recomendável esclarecer, todavia, que Carnelutti admitia a existência de uma espécie de ponto de intersecção entre o direito material e o direito de ação, ao dizer que a atribuição do direito processual é determinada pela pretensão de direito material; a ação deve ser exercida, diante disso, por aquele que deseja obter, jurisdicionalmente, a realização de um direito substancial.

Nessa teoria, o juiz — e não o Estado — é indicado como o sujeito da obrigação pertinente ao direito público subjetivo de ação, pois se trata de um direito à sentença que resolva a lide, pouco importando que seja injusta ou desfavorável ao autor. Ao juiz compete a obrigação de, como diretor do processo, praticar os atos e atividades que conduzam a esse objeto da ação.

e) Outras teorias

Muito embora sempre se busque estabelecer uma divisão apenas dicotômica das correntes de pensamento acerca da natureza jurídica da ação (teoria da ação como direito concreto e como direito abstrato de agir), cabe-nos observar que diversos outros juristas puderam opinar sobre o assunto, sem, contudo, formar escolas específicas. Pekelis, por exemplo, concebeu a ação não como um direito de agir e sim de *fazer agir*, concluindo ser esse o único direito subjetivo do indivíduo. Satta, divergindo, negou o conceito publicístico que se atribuía à ação, reputando-a como um mero instrumento do direito material, com o que lhe negava a autonomia reconhecida por outros estudiosos. Para Levi, a ação possuía natureza de negócio jurídico; Couture a tomava como manifestação do direito de petição, uma vez que a inseriu no direito constitucional de representação; Mortara, em opinião aceita por muitos, imaginou a ação como a relação de direito público que se forma em decorrência do conflito de interesses entre os indivíduos, tendo curso no processo com a consequente aplicação, pelo juiz, da regra de direito apta a incidir no caso concreto.

Não nos parece haver andado no melhor caminho, *data venia*, o insigne Eduardo Couture ao ver na ação um reflexo do direito de petição. Ocorre que esse direito, conquanto possua, como a ação, origem constitucional, relaciona-se com a defesa dos direitos individuais ou coletivos, promovida diante da autoridade pública, "como precedente da representação popular e confinado com o direito de representação" (Cândido Dinamarco, "Fundamentos", pág. 78). Demais, são largamente distintas as origens históricas do direito de petição e do direito de ação.

Merece destaque, a esta altura, a teoria de Enrico Tullio Liebman.

> Esse respeitável jurista — que fora discípulo de Chiovenda —, embora tenha perfilhado o entendimento de que a ação figura como um direito que não se subordina, para existir, a um direito material, construiu prestigiosa teoria de acordo com a qual o direito de agir apenas existiria se o autor satisfizesse a determinados requisitos — a que denominou de *condições* — imprescindíveis ao julgamento do mérito da causa.

Em Liebman, portanto, o direito de ação corresponde ao direito de o autor receber uma sentença que aprecie o mérito; além do mais, a ação é proposta *contra* o Estado e não contra o adversário.

A doutrina liebmaniana foi incorporada pelo Código de Processo Civil de 1973, de nosso País, como indicavam os arts. 3º e 267, VI, dentre outros, nada obstante alguns autores tenham denunciado a presença, nesse texto processual, de evidentes contradições entre a teoria de Liebman "e, uso da linguagem tradicional, que só se adapta bem à tese chiovendiana da ação" (Celso Agrícola Barbi, "Comentários ao Código de Processo Civil", vol. I, Rio: Forense, 1981, pág. 32). Detectando essa contradição, aliás, Egas Moniz de Aragão elaborara bem fundamentada emenda ao projeto do Código, para harmonizá-lo, nesse ponto. Dita emenda, apresentada ao Senado pelo Relator Geral, o Senador paranaense Acioli Neto, sob n. 139, foi rejeitada sem justificativa (*in* "Diário do Congresso Nacional", edição de 24.11.72, pág. 4.760).

Pela nossa parte, entendemos que a doutrina de Liebman esteja a merecer alguns reparos. Antes de apontarmos as razões de nossa opinião, rememoremos que compõe as condições da ação a tríade: *a)* possibilidade jurídica do pedido; *b)* interesse processual; *c)* legitimidade *ad causam*. Convém à finalidade do Capítulo examiná-las, ainda que brevemente.

a) Possibilidade jurídica do pedido, conforme arguta observação de Egas Moniz de Aragão ("Comentários ao Código de Processo Civil", vol. II, Rio: Forense, 1974, pág. 436), não deve ser conceituada, como geralmente o é, segundo a existência, no ordenamento jurídico, de uma previsão que torne o pedido viável, em tese, mas, ao contrário, com vistas à inexistência, nesse ordenamento, de norma que o torne *inviável*.

Com isso, se quer dizer que um pedido somente será considerado juridicamente *impossível* caso haja *veto* legal à sua formulação. Se, *v.g.*, um empregado não detentor de estabilidade pleiteia a sua reintegração no emprego, o seu pedido deverá ser rejeitado (CPC, art. 490), em virtude da inexistência do direito material invocado e não por ser juridicamente impossível. Ainda que não haja, na legislação material trabalhista, previsão quanto ao direito material invocado pelo autor, isto não significa que, na hipótese, o seu pedido deveria ser recusado sob o fundamento de ser impossível do ponto de vista jurídico; ora, inexistindo no ordenamento normativo qualquer *veto* (= proibição) a uma pretensão dessa natureza, o caso será de simples rejeição do pedido por falta de previsão legal quanto ao direito alegado.

Um dos reparos, que pensamos esteja a reclamar a doutrina de Liebman, radica no fato de haver considerado a possibilidade jurídica do pedido como uma das condições da ação. Ocorre que, em consonância com a própria construção do ilustre jurista, sempre que a sentença declarar o autor carecente da ação — por inexistência das condições correspondentes — o processo extinguir- -se-á *sem* julgamento do mérito. Essa regra estava inscrita no próprio Código de Processo Civil Brasileiro de 1973 (art. 267, VI). Sucede, entretanto, que ao declarar a impossibilidade jurídica do pedimento posto em juízo a sentença estará, sem dúvida, pronunciando-se sobre o *mérito* da causa. Ora, se há um veto legal a essa pretensão, é elementar que o provimento jurisdicional, ao fazer uma afirmação nesse sentido, acarretará a extinção do processo com manifestação acerca do mérito.

O próprio Liebman, como sabemos, acabou por reformular o seu entendimento, nesse ponto, para admitir que a possibilidade jurídica do pedido não *constitui da ação* e sim matéria integrante do *meritum causae*.

Consulte-se, a respeito, a 3.ª edição do seu *"Manuale di Diritto Processuale Civile"*, Giuffrè, 1973, pág. 197.

O CPC de 2015, de maneira acertada, considera como *condições* para o exercício do direito de ação apenas o *interesse processual* e a *legitimidade* (arts. 2º e 485, VI). A *possibilidade jurídica do pedido* foi abandonada, para esse efeito, porquanto passou a ser integrada ao mérito da causa.

b) O *interesse processual* relaciona-se com a necessidade (e não apenas com a mera utilidade) de o autor obter um pronunciamento jurisdicional concernente às pretensões deduzidas em juízo, que são quase sempre de direito material.

Impunha o CPC de 1939 que o interesse fosse, além de legítimo, econômico ou moral (art. 2º). A exigência de que fosse *legítimo*, na lição de Pontes de Miranda ("Comentários ao Código de Processo Civil", pág. 154), foi introduzida em nosso Código Civil (art. 76) por Clóvis Bevilacqua ao traduzir, equivocadamente, o texto italiano em que se inspirou.

O atual CPC falou apenas em interesse (art. 3º), sem qualificá-lo de legítimo, econômico ou moral: "Interesse, sem, mais nada", arremata Pontes de Miranda (obra cit., pág. 155). O CPC de 2015 faz alusão a *interesse* (art. 170) e a interesse processual (art. 485, VI).

O *interesse processual* é indispensável para qualquer postulação que se pretenda realizar em juízo (CPC, art. 17).

c) A *legitimidade "ad causam"* tanto pode ser ativa quanto passiva, conquanto esta última seja mais expressiva em tema de condições da ação. Por ela se diz que apenas está legitimada a integrar a relação jurídica processual a pessoa que seja titular da obrigação relacionada ao direito invocado pela parte contrária. Os casos de substituição processual representam exceção àquilo que Buzaid designou de "pertinência subjetiva da ação", para demonstrar que a legitimidade *ad causam* consiste na individualização daquele a quem pertence o interesse de agir e daquele diante do qual se deve formular a pretensão.

Bastam estas considerações para inferir que no âmbito da Justiça do Trabalho incorrem em manifesta escorregadela técnica os pronunciamentos jurisdicionais que, negando a relação de emprego pretendida pelo autor, declaram-no, em consequência, *carecedor da ação*, supondo que o réu seja parte ilegítima *ad causam*. Com o respeito que nos merecem semelhantes decisões, não podemos deixar de censurá-las, pois tanto que provada a prestação pessoal de serviços ao réu, é evidente que este se encontra legitimado para a causa, porquanto é ele, e não outrem, quem deve responder às pretensões apresentadas pelo autor. Impende esclarecer que a legitimidade (ativa ou passiva), no geral, pertence aos titulares dos *interesses* em antagonismo.

Carência da ação haveria, aí sim, se o autor houvesse prestado serviços para pessoa *diversa* da que figura no polo passivo da relação processual; faltaria, na hipótese, a "pertinência subjetiva da ação", referida por Buzaid.

Na vigência do CPC de 1973, aliás, lançamos o escólio de que a legitimidade *ad causam*, em rigor, também não deveria figurar, *tecnicamente*, como *condição da ação*, porquanto entendíamos que a sentença, ao declará-la ausente em determinado caso concreto, estaria extinguindo o processo com exame do "mérito". Quisemos, com isso, argumentar que a legitimidade (ou a ilegitimidade) para a causa se apresentava como *singular questão de mérito*, embora não se relacionasse diretamente com a pretensão *in iudicio deducta*, que era, quase sempre, de direito material. Discrepar desse entendimento – argumentávamos – seria sustentar que o autor poderia ajuizar a ação infindáveis vezes, em face do mesmo o réu, pois a tanto estaria autorizado pelo art. 267, VI, daquele Código.

O CPC de 2015, todavia, em engenhosa construção, resolveu o problema que suscitamos na vigência do CPC de 1973, uma vez que passou a admitir o exercício da ação rescisória quando a decisão jurisdicional, embora não tendo resolvido o mérito, impeça novo ajuizamento da demanda (art. 966, § 2.º, I) – como é o caso da que declara a ausência de legitimidade de parte.

f) A ação trabalhista em face das teorias expostas

Antes de ingressarmos no estudo da ação trabalhista à luz das construções doutrinárias até esta parte examinadas, torna-se conveniente chamarmos a atenção ao fato de que o pensamento do ser humano, em geral, sofre fortes inflexões das tendências sociais, políticas, filosóficas, econômicas, morais etc., do meio em que é concebido. Daí por que determinadas correntes de opinião costumam ser apontadas como espelho fiel de seu tempo. Não é diferente o que se passa no mundo jurídico. Aqui, muitas vezes, o jurista elabora a sua doutrina sob a influência — consciente ou não — que esses fatores exercem em seu pensamento, não sendo sensato, por isso, realizar-se, mais tarde, um estudo dessas doutrinas com abstração da época e do meio em que surgiram.

As diversas teorias relativas à natureza jurídica da ação, por exemplo, "traduzem a equação das relações entre o homem e o Estado, vistas do campo do direito processual e reproduzidas do ângulo em que se põe o jurista que as formula (Moacyr Amaral Santos, obra cit., pág. 133). A observação é necessária não apenas para justificar a diversidade de doutrinas acerca de um mesmo assunto, mas também para advertir que nem sempre um dado fato ou fenômeno verificado fora do ambiente em que essas teorias foram produzidas a elas se quadram com perfeição. Talvez esses fatos ou fenômenos exijam uma doutrina própria, que melhor os explique e discipline.

Feita essa consideração preliminar, dediquemo-nos ao objetivo deste item.

1) A *teoria civilista da ação* não vinga no processo do trabalho pelas mesmas razões que não vingou no processo comum.

Não negamos que sob o ângulo teleológico este processo "especializado" existe para servir ao direito material do trabalho. Nós próprios externamos esse pensamento no início do Capítulo. O reconhecimento dessa finalidade essencial do processo trabalhista, contudo, não corresponde à afirmação de que ele constitui simples capítulo do direito material; o processo não é um elemento apendicular do direito substancial, como proclama a doutrina civilista em exame; não é, como se disse no passado, *ancilla iuris civilis.*

É inegável que a toda lesão de direito subjetivo corresponde uma ação, que o assegura; isso não significa, porém, que não possa haver ação sem que exista o direito material. Argumentemos, inspirados em Wach, com a ação declaratória de *inexistência de relação de emprego*: conquanto o provimento jurisdicional tenha sido, exclusivamente, declaratório-negativo, ninguém se atreveria a objetar que o direito de ação não fora exercitado. Que direito, faculdade ou poder, afinal, teria permitido ao autor invocar — e obter — a prestação da tutela jurisdicional do Estado, se ele não era detentor do direito material alegado na inicial? Formule-se idêntica indagação diante daqueles casos em que o autor pede a condenação do réu ao pagamento de certas quantias e a sentença rejeita os seus pedidos, sob o fundamento de que não possuía o direito invocado: como pôde, também aqui, fazer atuar o poder-dever jurisdicional?

Esses fatos demonstram, à saciedade, que o direito de agir em juízo não se confunde com o direito material que ele porventura tenda a tutelar; daí, o desacerto da teoria civilista da ação ao não haver efetuado a disjunção dos dois direitos. Referida teoria, felizmente, pertence ao passado.

2) Já a *doutrina do direito concreto de agir* nos fornece certos subsídios que poderão ser úteis à peculiar edificação da doutrina respeitante à natureza jurídica da ação trabalhista. Vejamos.

Modernamente, é irrefutável o entendimento de que a ação se posiciona na ordem jurídica como um direito *autônomo*, cuja existência não se subordina ao direito material subjetivo invocado pelo autor. Essa foi, inegavelmente, a grande contribuição da teoria em exame — pondo-se em relevo a proveitosa disputa estabelecida entre Windscheid e Müther — para o desenvolvimento dos estudos doutrinários alusivos à natureza jurídica da ação. Neste assunto, Wach também não pode ser esquecido.

A ação trabalhista — como a civil — é, pois, um direito distinto do substancial; não se pode, entretanto, atrelar o direito de agir ao *resultado* do provimento jurisdicional, como quer a teoria do direito concreto. Segundo ela, a ação, para ser reconhecida como direito, depende de sentença *favorável* às pretensões do autor. Por outro modo de expressar: somente haverá ação quando o Estado reconhecer o direito em que o autor fundamentou os seus pedidos. Ora, sabemos que a ação terá existido mesmo que a sentença venha a declará-la "improcedente"; é que a "improcedência", no caso, se refere aos pedidos formulados com base no direito material e não ao direito de agir. De qualquer modo, devemos aproveitar a oportunidade para advertir que os pedidos formulados em juízo não devem ser julgados "procedentes" ou "improcedentes"; os pedidos são acolhidos ou rejeitados, como esclarece o art. 490, do CPC.

Pode haver, conseguintemente, ação trabalhista sem que exista o direito material brandido pelo autor.

3) A *teoria da ação como direito abstrato de agir* não se desassemelha, no essencial, da anterior, pois admite a autonomia da ação, embora entenda que o direito de agir estará presente ainda que a sentença rejeite as pretensões do autor. No que, como é palmar, está cheia de razões. Se o Estado nega o direito a quem afirma

possuí-lo, ou concede-o a quem não o possuía, nem por isso o direito de ação terá deixado de existir. Importa esclarecer que o interesse a caracterizar a ação não se subordina ao acolhimento dos pedidos formulados e sim ao pronunciamento jurisdicional acerca desses pedidos. Daí, ser possível ter direito de ação quem não possui direito material.

Para resumirmos: a ação trabalhista se define como um direito subjetivo público de alcançar um pronunciamento jurisdicional sobre a *res in iudicio deducta*, cujo exercício independe da (pre)existência de um direito substancial. Tem-se, dessa forma, que eventual sentença declaratória da inexistência do direito material pleiteado não pode ser interpretada no sentido de também conter, mesmo implicitamente, uma afirmação de que o direito de agir em juízo teria inexistido.

De outra parte, é de grande relevância prática a separação entre direito material e direito de ação — com o consequente reconhecimento da autonomia, deste, em cotejo com aquele —, porquanto as denominadas "sentenças de improcedência" dizem respeito, na verdade, à rejeição do direito material invocado; está embutida, contudo, nessa espécie de pronunciamento jurisdicional, uma declaração de que o direito de agir existiu, tanto que o Estado teve de manifestar-se sobre o direito material. Se, ao contrário, o autor não reunia as condições legalmente fixadas para o exercício do direito de agir em juízo, haverá a sentença de declará-lo carecedor da ação.

Por tudo isso, chega a ofuscar os olhos dos mais esclarecidos o inescusável equívoco em que incorrem os provimentos jurisdicionais trabalhistas quando, convencendo-se da ausência da pretendida relação de emprego, dão o autor como "carecedor da ação". *Data venia*, como dissemos, presentes que estejam a possibilidade jurídica do pedido, a legitimidade *ad causam* e o interesse processual, não se pode cogitar — sem graves escoriações aos preceitos legais e à melhor doutrina — de carência do direito de agir; em situação, como a mencionada, a sentença deveria referir-se à "improcedência" da ação, como forma adequada de revelar que houve manifestação acerca de *pedido* (de relação de emprego), que é de direito material e não processual. Queremos apenas reiterar o nosso entendimento particular de que, em rigor, o decreto judicial deveria falar em *rejeição* do pedido, sabendo-se que o vocábulo "improcedência" — segundo a acepção que a jurisprudência vem lhe conferindo — é vago, impreciso, e, acima de tudo, desprovido de conteúdo jurídico. Procedência significa *origem*; logo, mesmo que a sentença não *acolha* os pedidos feitos pelo autor, a ação terá "procedido". Um pouco mais de lógica e de cientificidade à doutrina e à jurisprudência vogantes não lhes fariam, seguramente, nenhum mal.

Seria de perguntar-se, vez mais: fosse de prevalecer a declaração de "carência", qual teria sido o poder, o direito, a faculdade que possibilitou ao autor, no exemplo suscitado, provocar o exercício da função jurisdicional do Estado se não era detentor do direito pretendido?

Ocasional objeção de que a ser como entendemos ter-se-ia de concluir que a ação é um direito dos que *não têm direito,* longe de ter eficácia jurídica para impugnar o argumento de ser a ação um direito autônomo desnuda uma injustificável confusão entre o direito material e o de agir em juízo, de par com trazer, velado, o escopo de restituir à vida a antiga teoria civilista da ação, que, como vimos, reduzia a ação a simples aspecto, capítulo ou emanação do direito material.

O sentido abstrato do direito de agir guarda, a propósito, harmonia com a tese carnelutiana de que o objetivo do processo reside na justa composição da lide, entendida esta como o conflito de interesses qualificado pela pretensão de um indivíduo e pela oposição (ou resistência) de outro. De tal arte, somente se configurará a ação trabalhista com a existência de um conflito intersubjetivo de interesse, em regra entre empregado e empregador. Ressalte-se que a despeito de não se poder falar em lide no caso de *revelia,* por faltar aqui o elemento essencial da *resistência* do réu à pretensão do autor — não há conflito, portanto —, a sentença que for proferida estará apreciando o mérito da causa porque, na espécie, impõe-se ao Estado realizar uma locução jurisdicional sobre os pedidos formulados pelo autor — ainda que seja para rejeitá-los.

A ação trabalhista é presidida pelo princípio da demanda, a teor do qual a tutela jurisdicional apenas poderá ser prestada mediante provocação do interessado, contanto que atendidas as correspondentes condições e os pressupostos processuais. Dizendo-se por outro modo: o Estado-juiz não pode agir de ofício, exceto nos raros casos em que estiver legalmente autorizado a fazê-lo. A regra alcança também o processo civil, como está na dicção do art. 2º do CPC. O preceito referido, aliás, não decorre — como se tem suposto — do princípio dispositivo, pois este não se relaciona com a demanda; exige o último que o indivíduo provoque o exercício da função jurisdicional, na razão do seu interesse. O princípio da demanda encerra, portanto, uma declaração de que a jurisdição se mantém em estado de inércia, cuja ativação deve provir da iniciativa do interessado.

Poder-se-ia imaginar, diante disso, que os casos de substituição processual — de que cuidam, *e.g.,* os arts. 195, § 2º, e 872, parágrafo único, da CLT — representam exceções ao princípio em tela. Nada mais inexato. Em tais situações, o órgão jurisdicional não atua de ofício (logo, inexiste ofensa ao princípio da demanda) e sim em virtude de provocação daquele que, embora não seja o titular do direito material subjetivo invocado, está legalmente legitimado a agir como se fosse. Revela-se, assim, traço de *anomalia* dessa espécie de legitimação.

Afirme-se o mesmo quanto à hipótese prevista pelo art. 39, da CLT, que determina a remessa do procedimento (e não "processo", *sic*, como consta) administrativo à Justiça do Trabalho sempre que o "reclamado" alegar inexistência de relação de emprego. Não se trata aqui de ação sem autor, como se possa imaginar: autor há, com a singularidade apenas de que, por força de norma legal, a remessa (obrigatória) do procedimento administrativo ao Poder

Judiciário surge como sucedâneo do ato particular de provocação jurisdicional. No plano das ações ("dissídios") coletivas, parece-nos que a faculdade outrora atribuída ao Presidente do Tribunal do Trabalho para "instaurar a instância" de dissídio coletivo (CLT, art. 856) poderia ser apontada como inegável quebra do princípio da demanda. No caso, era do órgão jurisdicional a iniciativa de agir — conquanto a lei também permitisse aos interessados invocar a tutela jurisdicional coletiva. A nosso ver, a Emenda Constitucional n. 45/2004 derrogou e o art. 856, da CLT, na parte em que atribuía legitimidade ao Presidente do Tribunal do Trabalho para instaurar a instância de dissídio coletivo (CF, art. 114, § 2º); essa faculdade é concedida à Procuradoria da Justiça do Trabalho, nos casos de greve em atividade essencial, com possibilidade de lesão do interesse público (CF, art. 114, § 3º). É oportuno advertir que futura teoria geral do processo do trabalho não deverá ignorar as marcantes diversidades existentes entre as ações individuais e as coletivas, circunstância, todavia, que não torna desaconselhável a fixação de certos princípios comuns a ambas.

As ações coletivas caracterizam-se, sobremaneira, pelo rompimento de determinados postulados dogmáticos da ciência processual, cabendo-nos exemplificar com o fato de a lei não exigir que as petições iniciais, nessa modalidade *sui generis* de ação, contenham pedidos (CLT, art. 858). Cremos que essa peculiaridade se articula com o poder normativo da Justiça do Trabalho (Const. Fed., art. 114, § 2º), que encontra exatamente nas ações coletivas o campo propício à sua atuação concreta. Esse poder ficaria neutralizado se fosse submetido à regra clássica de que o pronunciamento jurisdicional deve conter-se nos limites estabelecidos pela peça vestibular (CPC, arts. 141 e 492), sob pena de comprometer-se pelas eivas de ser *ultra, extra* e *infra petita,* conforme fosse o caso. É, portanto, o vazio, a indeterminação da inicial, que rende ensejo a que a Justiça do Trabalho torne efetivo o seu poder de criar a norma jurídica a ser aplicável, abstrata e genericamente, às categorias em antagonismo — malgrado saibamos que esse poder jurígeno sofra acentuadas restrições, impostas pelo ordenamento legal.

No geral, entretanto, as petições iniciais dos "dissídios coletivos" contêm (inúmeros) pedidos – que traduzem as reivindicações apresentadas à categoria adversa, na fase de negociação.

|Capítulo II|

CONCEITO DE AÇÃO

Considerações introdutórias

Conforme assinalamos em Capítulo anterior, a história do direito dos povos registra a existência de fase remota e obscura em que era permitido aos indivíduos em conflito satisfazer as suas pretensões mediante a utilização dos meios pessoais coercitivos de que dispusessem. Nesse período de autotutela de direitos os homens se digladiavam livremente — sendo, cada qual, árbitro dos próprios atos — vez que ausentes quaisquer normas procedimentais traçadas pelo Estado.

Nem havia, colocado entre os contendores e acima deles, um órgão imparcial, incumbido de solucionar-lhes os conflitos de interesses em que, com frequência, se envolviam.

É fácil constatar que nesse quadro de fazimento de justiça pelas próprias mãos a prevalência, em regra, acabava sendo não do direito, como seria desejável, e sim da astúcia, da prepotência, da força, da classe dominantes, enfim.

Conscientizando-se, tempos depois, de que o sistema de autodefesa estava a acarretar sérias perturbações na harmonia das relações sociais — e também na ordem jurídica —, o Estado demoveu-se da sua atitude marcada pela indiferença, para tornar proibido o exercício arbitrário das próprias razões — veto que ainda hoje se encontra gravado nos textos legais (Código Penal, art. 345). Em decorrência da intervenção estatal nos conflitos de interesses ocorrentes entre os indivíduos, instituiu-se a Justiça Pública ou Oficial, que passou a constituir, em quase todos os países, monopólio estatal. Desse fato de extraordinária importância para o direito e para os homens, advieram a jurisdição, a ação e o processo — tríade em que se apoia a estrutura da ciência processual.

A *jurisdição* tem, portanto, nítido caráter de substituição, dado que por intermédio dela o Estado toma o lugar do indivíduo no ato de fazer valer o direito; mais do que um poder, conseguintemente, a jurisdição se afirma como irrecusável *dever* estatal.

O *processo* representa a técnica (ou o método) de que se vale o Estado no desempenho do poder-dever de compor os conflitos intersubjetivos de interesses submetidos à sua cognição jurisdicional. As normas procedimentais, sendo vinculativas de todos os sujeitos do processo (juiz, partes, advogados, Ministério Público, funcionários do Juízo e outros), se destinam a evitar a instauração da arbitrariedade e do tumulto processuais. Modernamente, aliás, o processo tem sido visto como instrumento de preservação do próprio interesse público.

Quanto à *ação*, consagrou-se como o direito de o indivíduo provocar o exercício da função jurisdicional do Estado, a fim de que se manifeste acerca de um interesse juridicamente tutelável. Trata-se de um direito subjetivo público, hoje alteado à categoria de direito constitucional, nos sistemas normativos de diversos países, como é o caso do Brasil (Const. Fed., art. 5º, XXXV). A outorga desse direito público aos seres sociais pode ser sublinhada como um dos mais expressivos traços dos modernos Estados de Direito.

O direito de agir em juízo corresponde, sob certo aspecto, à contrapartida do Estado ao indivíduo, proveniente do fato de haver-lhe tornado defesa a autossatisfação dos interesses. Exatamente por não se permitir ao indivíduo buscar a realização da justiça por mãos próprias, é que o nosso texto constitucional inibe a lei ordinária de excluir do Poder Judiciário a apreciação de qualquer ameaça ou lesão de direito, embora a Constituição Federal de 1697, com a Emenda n. 2/69 (art. 153, § 4º), consentisse que o ingresso em juízo pudesse ser condicionado à prévia exaustão das vias administrativas, contanto que "não exigida garantia de instância, nem ultrapassado o prazo de cento e oitenta dias para a decisão sobre o pedido". A Constituição de 1988 não contém norma semelhante, conquanto disponha, no art. 217, §1º, que "O Poder Judiciário só admitirá ações relativas à disciplina e às competições desportivas após esgotarem-se as instâncias da justiça desportiva, regulada em lei".

Como resquícios atuais do período da autotutela de direitos, podem ser indigitados o esforço físico do possuidor turbado ou esbulhado, na proteção da posse (Cód. Civil, art. 1.210, § 1º) e a legítima defesa (Cód. Penal, art. 21, *caput*), a despeito de exigir-se, em ambos os casos, moderação por parte do defendente.

O Estado Moderno, todavia, reserva aos indivíduos a possibilidade de autocomposição do litígio (que não se confunde com a autotutela ou autodefesa), que se concretiza sob as conhecidas modalidades de: *a)* desistência (renúncia à pretensão); *b)* submissão (renúncia da resistência à pretensão); e *c)* transação (estabelecimento de concessões recíprocas).

a) Processualmente, a *renúncia* à pretensão se exterioriza não sob a forma de desistência da ação (CPC, art. 485, VIII), como seja de imaginar-se, porquanto, nesta hipótese, a extinção do processo ocorre *sem* pronunciamento sobre o mérito (CPC, art. 485, *caput*), e sim de renúncia ao direito sobre que se funda a ação (CPC, art. 487, III, "c"), quando então o processo se extingue com julgamento acerca do mérito (CPC, art. 487, *caput*). A dessemelhança reside em que, no primeiro caso, o autor poderá intentar novamente a ação (CPC, art. 486, *caput*), o que já não lhe será consentido, por princípio legal, no segundo.

Cadernos de Processo do Trabalho n. 1– Jurisdição, Ação e Processo **51**

b) A *submissão* se manifesta mediante o ato que o CPC vigente entendeu designar de reconhecimento da "procedência" (*sic*) do pedido (art. 487, III, "*a*"). Rigor lógico à frente, tudo "procede", ainda mesmo que não venha a ser acolhido pela sentença. Advirtamos, mais uma vez, que o substantivo procedência indica, lexicamente, a origem de alguma coisa, não se justificando, por isso, a sua utilização, pela lei, doutrina e jurisprudência, para demonstrar o *resultado* do provimento jurisdicional. Como se percebe, estabeleceu-se equivocada sinonímia processual entre "procedência" da ação e acolhimento dos pedidos formulados pelo autor; *venia concessa*, uma ação poderá ser "procedente" (ou seja, desde que atendidas as condições previstas em lei) sem que, obrigatoriamente, os pedidos tenham sido acolhidos, no todo ou em parte. A mesma impropriedade terminológica se evidencia com relação à "improcedência". Tais razões sugerem, pois, que a doutrina, mercê do magistério que lhe é imanente, ponha-se a denunciar esse equívoco inveterado, sendo imprescindível, para tanto, que ela própria dê o exemplo inicial, utilizando uma linguagem mais adequada ao discorrer sobre o assunto; por outro lado, bons serviços haveriam de prestar à ciência processual e à técnica de redação dos pronunciamentos jurisdicionais os magistrados que abandonassem o arraigado hábito de empregar, no dispositivo das sentenças, as formas "procedência" ou "improcedência". Os pedidos, insista-se, são *acolhidos ou rejeitados*; falar em "procedência" ou "improcedência" é confundir direito processual com direito material, é render culto à imprecisão vocabular. O art. 490, *caput*, do CPC, felizmente respeitou a melhor lição, nada obstante a tenha ignorado no art. 487, III, "*a*". A CLT, acientífica, também alude à "procedência" (art. 832, § 1º).

c) No que tange à *transação*, dispõe o art. 764, § 2º, da CLT, ser "lícito às partes celebrar acordo, que ponha termo ao processo, ainda mesmo depois de encerrado o Juízo conciliatório". Em que pese ao fato de haver certa controvérsia doutrinária acerca do tema, podemos afirmar que o acordo e a transação, conquanto tenham a separá-los linha sutil, se relacionam intimamente, na medida em que este provém daquele; vale dizer, o acordo constitui pressuposto da transação, verdadeiro negócio jurídico bilateral por meio do qual as partes extinguem obrigações duvidosas ou litigiosas, mediante concessões recíprocas. Embora a praxe tenha consagrado (e, em alguns casos, até exigido) que a transação seja homologada por sentença, é indiscutível que esta espécie de ato bilateral produz efeitos jurídicos imediatamente à sua exteriorização (CPC, art. 200, *caput*). Na verdade, contudo, a sentença homologatória desse ato é necessária para dotar o credor do indispensável título executivo (CPC, art. 783), para caso de a obrigação não ser cumprida. Transação e renúncia, porém, são coisas distintas: enquanto a primeira, além de caracterizar-se pela bilateralidade, pressupõe a incerteza do direito (*res dubia*); a segunda, eminentemente unilateral, se funda, ao contrário, na certeza do direito que foi objeto da manifestação volitiva do renunciante.

Determinado segmento da doutrina trabalhista vê na greve uma reminiscência moderna dos tempos de autotutela dos direitos, sob a assertiva de que a paralisação coletiva temporária dos serviços, de parte dos empregados, representa uma reação direta e pessoal ao não-atendimento, pelo empregador, das reivindicações formuladas. Dissentimos desse entendimento. A greve, como fato social e jurídico, não traduz a tentativa de fazer justiça pelas próprias mãos, que era característica do sistema de autodefesa; a solução dos conflitos coletivos de interesses é tipicamente *jurisdicional*, sendo bastante argumentar que a greve deságua, por força de lei, em dissídio coletivo, oportunidade em que o Estado-Juiz não apenas dirá da abusividade, ou não, do movimento paredista, como (se for o caso), apreciará o elenco de reivindicações apresentadas pelos trabalhadores.

A greve, se levarmos em conta o momento de sua eclosão, mais se aproxima do ato de invocar a incidência prática da conhecida cláusula *exceptio non adimpleti contractus*, oriunda do direito romano e agasalhada por nosso Código Civil, como atesta o seu art. 476, *verbis*: "Nos contratos bilaterais, nenhum dos contraentes, antes de cumprida a sua obrigação, pode exigir o implemento da do outro". É certo que a nossa referência à cláusula *inadimpleti contractus* somente se justifica enquanto serve ao objetivo de quadrar a greve na moldura do ordenamento jurídico civil, porquanto na esfera específica do direito do trabalho não há lugar para a atuação da aludida cláusula; dá-se que, sendo uma das características do contrato individual de trabalho o *trato sucessivo* ou a *execução continuada*, isso significa que, por princípio, o empregado deve estar sempre prestando serviços, só podendo parar quando a lei expressamente o autoriza, sob pena de perpetrar falta grave.

Seja como for, a greve não pode ser indicada como suposto fragmento do período de autotutela de direitos, pois, como observamos há pouco, a solução dos conflitos coletivos de interesses — qualificado, na espécie, pela resistência do empregador às reivindicações feitas pelos empregados — decorre da interveniência jurisdicional obrigatória, pelo Estado.

Conceito de ação

Fincadas essas considerações, é momento de esboçarmos um conceito de ação — que abrange, como é necessário — a própria ação trabalhista; ei-lo: é um direito subjetivo público e autônomo, de natureza constitucional, mediante o qual o autor, satisfeitos os requisitos legais, pede um pronunciamento jurisdicional do Estado a respeito de um interesse manifestado, sem que o adversário possa impedir a invocação dessa tutela.

Dissemos:

a) é um direito — e não simples poder — pois o Estado, ao proibir a autossatisfação dos interesses individuais, fez do ato de provocar o exercício da função jurisdicional um inequívoco direito subjetivo. Tanto isso é verdadeiro, que a nossa Constituição integrou a ação no rol dos direitos individuais (art. 5º, XXXV); a esse direito corresponde a obrigação de o Estado prestar a tutela jurisdicional. O direito de ação é pré-processual e se relaciona umbilicalmente com o veto estatal à realização da justiça pelas próprias mãos. Em um certo sentido, pode-se mesmo sustentar que neste reside a origem histórica daquele.

Considerando que tal direito é dirigido ao Estado, a quem cabe satisfazê-lo, percebe-se a impropriedade técnica da expressão correntia "propor ação"; o autor não "propõe" a ação: ele *possui* ação e a dirige contra o Estado. Logo, a ação — enquanto direito — é *exercida,* e não, "proposta".

b) subjetivo público, porque o interesse na composição da lide não é apenas dos indivíduos em conflito, mas também do Estado. Sabemos que as lides tendem a provocar uma perturbação na harmonia das relações sociais — podendo transformar-se, inclusive, em poderoso fator de desagregação social — e da própria ordem jurídica; daí emana o interesse que o Estado possui em solucioná-las de maneira justa e rápida — nada obstante a realidade prática esteja a demonstrar que nem sempre esse ideal é atingido, em virtude das notórias deficiências das estruturas judiciárias do País, fato que acarreta comprometedoras riscaduras no prestígio do Poder Judiciário, como instituição, além de colocar em risco a respeitabilidade das suas decisões.

Nem por isso, todavia, o direito de ação se vê destituído do caráter público, que lhe é inerente.

Diz-se, enfim, que a ação constitui um direito subjetivo público porque o indivíduo é titular de posições jurídicas ativas diante da autoridade estatal.

c) e autônomo, porquanto o ingresso em juízo, a despeito de ter, no mais das vezes, a finalidade de proteger o direito material, não depende, para o seu exercício e a sua efetiva existência, do direito substancial. Já não vigora a teoria civilista da ação, que cedeu lugar à do direito abstrato de agir.

A ação declaratória *negativa* continua sendo o mais poderoso argumento em prol desta última doutrina, pois o objetivo do autor, nessa espécie de ação, é justamente conseguir um pronunciamento jurisdicional respeitante à *inexistência* de relação jurídica. Os modernos estudos no campo da ciência processual puderam demonstrar, com grande lucidez, que a ação é um direito *autônomo,* assim caracterizado pelo fato de não se relacionar com o direito material que, acaso, busque proteger.

d) de natureza constitucional, porque, conforme pudemos ver, a Suprema Carta Política brasileira inseriu a ação no elenco dos direitos dos indivíduos e das coletividades (art. 5º, XXXV). Essa declaração do texto constitucional é de fundamental importância para o patrimônio jurídico das pessoas, visto que o legislador ordinário não poderá impedir que qualquer lesão a esse patrimônio possa ser excluída da apreciação do Poder Judiciário. Basta que o interessado invoque a tutela jurisdicional que o Estado está obrigado a prestar, desde que o faça nos casos e forma legais.

e) pelo qual o autor, satisfeitos os requisitos legais. Em nosso sistema processual comum — e, por extensão, no trabalhista — o direito de agir em juízo está subordinado a que o autor satisfaça os requisitos específicos, estabelecidos por lei: tais são as *condições da ação*, postas em destaque na doutrina de Liebman e incorporadas ao atual CPC (arts. 17 e 485, VI).

Ausente que esteja uma só dessas condições, o autor será declarado carecedor da ação, com a consequente extinção do processo sem julgamento do mérito. Não podemos deixar de fazer, neste ensejo, mais um reparo à teoria de Liebman: é que, sendo a extinção do processo (mediante sentença) a consequência legal da declaração de carência de ação, resta sem explicação satisfatória o fato de, mesmo assim, o autor haver colocado em funcionamento a máquina judiciária, ou seja, haver provocado o exercício da função jurisdicional. Que faculdade, poder ou direito ter-lhe-ia permitido, neste caso, provocar a atividade jurisdicional do Estado até o momento em que este expediu a sentença declaratória da carência?

Cândido Dinamarco ("Fundamentos do Processo Civil Moderno", São Paulo: Editora Revista dos Tribunais, 1986, pág. 69) procura solucionar o problema com o argumento de que embora o autor não tivesse o poder de exigir o provimento de mérito, tinha-o, porém, "Como todos em qualquer situação têm, o poder de acionar os órgãos da jurisdição, ao menos para deles receber aquela declaração (de ser carecedor da ação); e esse poder é o direito de `demandar' ou direito à administração da `justiça', ou ainda `ação' em sentido impróprio, que não se sujeita à condição alguma e também está garantida constitucionalmente".

A opinião desse jurista coincide com a nossa e comprova a deficiência da teoria de Liebman, nesse aspecto.

f) pede um pronunciamento jurisdicional do Estado. Constituindo a jurisdição (*iuris* = direito + *dictio* = dizer) uma atividade monopolista do Estado, é compreensível que qualquer ofensa (ou ameaça) a direito só possa ser reparada por ato do Poder Judiciário, desde que, por certo, o infrator se tenha recusado a fazê-lo, espontaneamente. Só o Estado, pois, pode dizer, com a autoridade que lhe é própria, com quem está ou com quem não está o direito disputado. Esse pronunciamento estatal não é administrativo e sim essencialmente jurisdicional, porquanto nesse ato o Estado substitui a atuação do indivíduo — a quem, como sabemos, impede de realizar a autotutela de direitos ou de interesses.

O comando sancionário e imperativo, que se irradia da sentença — como exteriorização formal dessa dicção jurisdicional do Estado — se torna definitivamente irrecusável com o advento do fenômeno da coisa julgada material (CPC, art. 502) cuja desconstituição apenas será possível pelas vias rescisórias (CLT, art. 836; CPC, art. 966).

A coisa julgada, convém elucidar, não é efeito e sim *qualidade* da sentença.

g) a respeito de um interesse manifestado. O interesse forma dentre as condições da ação (CPC, art. 17) e se manifesta, concretamente, sob a forma de um pedido para que o Estado-Juiz se pronuncie sobre a *res in iudicio deducta.* O interesse determina a espécie de provimento jurisdicional que se pretender obter: declaratório, condenatório ou constitutivo.

Esse elemento do conceito de ação, que esboçamos, coloca-nos a braços, uma vez mais, com a natureza abstrata do direito de agir em juízo, pois o que o autor pede ao Estado, segundo afirmamos, é um pronunciamento a propósito da situação ou da relação jurídica levada à sua cognição; conquanto o autor sempre espere que esse decreto estatal lhe seja favorável, eventual pronunciamento contrário aos seus interesses não significará que terá deixado de existir, na hipótese, o direito de ação. Referido direito não se subordina ao resultado da entrega da prestação jurisdicional invocada; daí o sentido *abstrato*, que lhe é apropriadamente atribuído.

h) sem que o adversário possa impedir a invocação dessa tutela. A ação é proposta contra o Estado, que é detentor da correspondente obrigação de prestar a tutela jurisdicional, contanto que o autor a requeira nos casos e forma legais. Não pode o adversário, via de consequência, opor-se, a que título seja, ao regular exercício desse direito subjetivo público. O que ao réu se permite é opor-se aos pedidos formulados na inicial.

A observação é importante porque poderia parecer juridicamente possível a alguns que o réu se valesse, por exemplo, do poder geral de cautela do magistrado (CPC, art. 301), com a finalidade de impedir que determinado indivíduo provocasse o exercício da função jurisdicional; ora, sendo a ação — como tantas vezes dissemos — um direito constitucional, não é admissível que esse direito possa vir a ser coarctado por meio de simples medida acautelatória, criada pela legislação ordinária processual.

O que ao réu se assegura é o direito de *responder* à ação, valendo destacar que o exercício desse direito é facultativo, pois a moderna processualística não impõe a presença do réu no processo, para efeito de regular estabelecimento da correspondente relação e da composição da lide, embora ele sofra certas consequências processuais da ausência (injustificada) de sua resposta (CPC, art. 344; CLT, art. 844, *caput,* parte final).

Desejamos esclarecer que empregamos, no enunciado de nosso conceito, o adjetivo *manifestado* para demonstrar que o interesse não apenas figura como uma das condições de ação, mas, sobretudo, deve ser expresso pelo autor, cuja particularidade se articula com o princípio da demanda (*ne procedat iudex ex officio),* pois mesmo que tenha ocorrido a lesão de um direito material (embora o direito de agir em juízo, como sabemos, não pressuponha, necessariamente, a existência de direito substancial) o Estado somente poderá pronunciar-se a respeito se o autor, na medida do seu interesse, invocar a tutela jurisdicional, nos casos e forma legais.

O *pedido*, formulado na peça inaugural, a par de ser objeto da ação, representa a materialização do interesse; inexistindo pedido, cumprirá ao juiz fixar, por despacho, o prazo de quinze dias, para que o autor supra a omissão, sob pena de indeferimento da petição inicial (CPC, arts. 330, I e § 1.º, e 321, parágrafo único), com a consequente extinção do processo sem resolução do mérito (CPC, art. 485, I).

| Capítulo III|

CLASSIFICAÇÃO DAS AÇÕES

Adotando como critério a espécie de provimento jurisdicional solicitado pela parte, a doutrina estabeleceu uma classificação das ações em: *a)* de conhecimento; *b)* de execução; e *c)* cautelar. A despeito de essa categorização encontrar-se consagrada — e ter sido até mesmo incorporada pelo Código de Processo Civil[1] —, entendemos, de par com outros autores[2], que o conceito de ação, enquanto direito subjetivo público de invocar a tutela jurisdicional do Estado, é substancialmente incindível; daí por que a tripartição realizada pela doutrina está em evidente dissonância com a moderna teoria abstrata da ação, que pudemos estudar no Capítulo anterior, segundo a qual esta "não se caracteriza, em sua essência, pelos elementos identificadores, sendo inadequado falar em `ações' no plural" (Cintra, Grinover e Dinamarco, "Teoria Geral do Processo", São Paulo: Revista dos Tribunais, 21.ª ed., 2005, pág. 237).

Sem implicar renúncia à nossa opinião há pouco manifestada, examinemos, a seguir, as três classes de ações admitidas pela inteligência doutrinária.

a) Ação de conhecimento

Conhecer, do Latim *cognoscere*, significa ter noção ou informação sobre alguma coisa. Transposto para o particularismo do direito processual, o vocábulo

---

(1)   O CPC vigente, ao contrário de outros códigos estrangeiros, como o alemão e o austríaco, não contém uma parte geral, em que ficassem compendiadas todas as normas e princípios aplicáveis, de maneira indistinta, aos processos de conhecimento, de execução e cautelar. É sabido, porém, que dentre os inúmeros preceitos integrantes do Livro I grande parte tem incidência nos processos de execução (Livro II) e cautelar (Livro III). No que respeita à execução aliás, dispõe o art. 598 do Código que a ela são aplicáveis, em caráter subsidiário, as normas que regem o processo de conhecimento. Segundo Egaz Moniz de Aragão, com isso, "Chega a lei ao mesmo resultado prático que alcançaria se tivesse expressamente agrupado, em uma parte geral, todas as disposições consideradas comuns aos três processos" ("Comentários ao Código de Processo Civil", Rio de Janeiro: Forense, 1.ª edi., vol. II, 1974, pág. 7).

(2)   Satta, por exemplo, observa que *"la piu nota è quella qui riproduce per le azioni i criteri di classificazione elaborati per le sentenze e quindi le distingue in azione di accertamento, di condanna e costitutive, ma è chiaro che questa trasposizionedalle sentenze non è legittima, perchè la azioni come non accerta, non condanna, non costituisce nulla, ma solo postula il giudizio, cioè che l'ordinamento debba concretarsi in un determinato modo"* (apêndice ao trabalho de Ricardo Orestano, in Enciclopédia del Diritto, vol. 4, pág. 825).

traduz o processo pelo qual o Estado-Juiz conhece dos fatos alegados pelas partes e, em consequência, declara qual a regra de direito aplicável ao caso concreto.

A cognição, em sede processual, é a relação que se estabelece entre o juiz (ser cognoscente) e os fatos da causa (objeto cognoscível), sendo *aprofundada* no processo de conhecimento, que pressupõe um juízo de certeza, e *superficial*, no cautelar, que pressupõe um juízo de mera probabilidade.

A finalidade da ação de conhecimento é, portanto, obter do órgão jurisdicional um pronunciamento acerca do mérito, que solucione o conflito intersubjetivo de interesses *in iudicio deducta*. Ainda que o juiz determine a extinção do processo *sem* julgamento do mérito (CPC, art. 485), terá existido o conhecimento jurisdicional, embora exterior ao mérito.

Constitui equívoco injustificável supor que a atividade de cognição do juízo somente se relaciona com os fatos narrados pelo autor, como se a esse conhecimento não se submetessem, por igual, os fatos expostos pelo réu, em sua resposta, qualquer que tenha sido a modalidade (exceção, contestação, reconvenção). Em tais casos, pois, o órgão jurisdicional conhece da controvérsia, dos interesses em antagonismo, da lide — esclarecendo-se que lide e controvérsia não constituem, necessariamente, expressões sinônimas.

Podemos indicar como traço característico das sentenças proferidas nos processos de conhecimento a sua eficácia para eliminar a *incerteza* do direito, que dá origem à disputa que, em torno dele, as partes haviam estabelecido.

Na Justiça do Trabalho, o processo de conhecimento finda-se mediante *sentença*, tenha esta apreciado, ou não, o mérito da causa (CPC, art. 203, § 1º). Na Justiça Comum, todavia, a sentença não extingue o processo cognitivo, senão que dá ensejo, no mesmo processo, ao "cumprimento da sentença", quando condenatória (obrigação por quantia certa).

Tendo em vista a *natureza* do provimento jurisdicional emitido no processo de cognição, a doutrina identifica a existência de três subclasses de sentenças, ou de ações: 1) declaratória; 2) constitutiva; 3) condenatória.

É necessário advertirmos, todavia, que inexistem sentenças genuinamente "declaratórias", "constitutivas" e "condenatórias", da mesma forma que o processo contemporâneo não conhece uma oralidade plena ou "pura". Quando se diz que uma providência jurisdicional é declaratória, constitutiva ou condenatória, o que se está considerando em verdade é a "carga", a preponderância da declaratividade, da constitutividade ou da condenação embutida em tais pronunciamentos. Muitas sentenças, ditas, *e.g.*, condenatórias, também contêm uma "carga" — embora mínima — de declaratividade. O mesmo se afirme quanto às constitutivas.

Além disso, certos decretos judiciais trazem, em um só corpo, *partes* distintas; não se trata, pois, de conteúdos que se interpenetram, que se mesclam, e sim que coexistem organicamente. Uma sentença que reconheça a pretendida relação de emprego, assim como a estabilidade, e imponha ao réu o pagamento de certas quantias, será *declaratória* na parte em que admitiu aquela relação qualificada; *constitutiva*, na que afirmou (constituiu) a estabilidade e *condenatória* na que impôs ao réu o pagamento de parcelas pecuniárias especificadas na peça inaugural.

Feita a ressalva, analisemos as três subclasses de ações, há pouco referidas.

1) *Ação declaratória.* Por meio dela, o autor colima alcançar um pronunciamento jurisdicional que declare: *a)* a existência, a inexistência ou o modo de ser de uma relação jurídica; ou *b)* a falsidade ou a autenticidade de documento (CPC, art. 19, I e II); essa espécie de ação é admissível mesmo quando já tenha ocorrido a violação do direito (*ibidem*, parágrafo único), hipótese em que será declaratória-incidental.

Reconhecida a relação jurídica material, a sentença será declaratória positiva; negada a relação, o provimento será declaratório negativo. Duas observações, neste momento, tornam-se recomendáveis. Em primeiro lugar, quando a pretensão do autor objetivar a declaração de autenticidade ou de falsidade documental, a sentença declaratória, em qualquer caso, terá conteúdo essencialmente *positivo*, pois dirá se o documento é *autêntico* ou é *falso*. Em segundo, será sempre *declaratória-negativa* a sentença que rejeitar os pedidos formulados pelo autor, mesmo em ação de natureza diversa (digamos que ele buscasse a *condenação* do réu e a sentença repelisse essa pretensão).

As sentenças meramente *declaratórias* (o autor poderia *e.g.*, pedir exclusivamente um provimento que declarasse a sua qualidade de empregado) são destituídas de eficácia executiva, valendo como simples preceito; com a prolação dessa espécie de sentença o Estado cumpre e acaba, em face daquele caso concreto, a sua função jurisdicional. Daí vem que se o autor pretender fazer valer o direito que foi declarado pela sentença deverá invocar, mais uma vez e em ação distinta, a tutela jurisdicional do Estado, com o escopo de tirar, desta feita, um provimento condenatório, que o autorizará, mais tarde, a deduzir uma pretensão executiva perante o mesmo réu.

Estabelecia, a propósito o art. 290, *caput*, do CPC, de 1939 que "na ação declaratória, a sentença que passar em julgado valerá como *preceito,* mas a execução do que houver sido declarado somente poderá promover-se em virtude de sentença condenatória"; embora essa regra não tenha sido reproduzida no texto dos Códigos posteriores, isto não deve ser levado à conta de ter sido intenção do legislador atribuir eficácia de título executivo às sentenças tipicamente declaratórias. Estas, conforme sustentamos, continuam a valer como simples *preceitos.*

Pode ocorrer, porém, de o autor haver solicitado uma sentença apenas declaratória e esta, acolhendo o seu pedido, acrescentar um *plus,* consiste na imposição ao réu do pagamento de custas. Nesta hipótese, a eventual execução que vier a ser promovida terá como objeto, à evidência, somente as custas, porquanto o mencionado *plus* implicou a condenação do réu à satisfação dessa despesa processual.

A falta de uma exata compreensão a respeito do conteúdo das sentenças poderia levar à errônea inferência de que não seria possível a condenação ao pagamento de honorários advocatícios nas ações declaratórias; ora, a declaratividade, na espécie, figura como o objeto da ação, o seu "mérito", que em nada se relaciona com a circunstância de o réu vir a ser condenado ao pagamento daquela despesa processual, cujo fundamento reside no fato objetivo de sua derrota. Uma coisa, portanto, é o pronunciamento jurisdicional acerca da relação jurídica material deduzida em juízo (declaração); outra, a imposição, ao vencido, do pagamento dos honorários advocatícios e das demais despesas processuais exigíveis (condenação). É elementar que no cotejo entre as duas partes da sentença o destaque é para o conteúdo *declaratório* — realce que tem sido causa, como dissemos, da suposição de que o mesmo ato jurisdicional não possa conter, concomitantemente, uma parte condenatória.

2) Na *ação constitutiva*, o autor persegue um provimento jurisdicional que constitua, modifique ou extinga uma situação ou uma relação jurídica; esta classe de sentença, contudo, opostamente à declaratória, não *cria* o direito: limita-se a reconhecer a preexistência do direito invocado pela parte, do qual resultarão efeitos constitutivos, como previstos na ordem jurídica. Parece-nos, por isso, desapercebido de razão jurídica Goldschmidt ao asseverar que "La acción constitutiva es el tipo de una acción *sin derecho*" ("*Teoría General del Proceso*", Barcelona: Editorial Labor S.A., 1936, pág. 27). Sublinhamos.

Em regra, as sentenças constitutivas produzem efeitos para o futuro (*ex nunc*), ao passo que nas declaratórias e nas condenatórias ditos efeitos são retrooperantes (*ex tunc*).

Podem ser indicados como pressupostos da sentença constitutiva: *a)* um fato que constitua uma relação jurídica de caráter privado; *b)* a existência de um fundamento capaz de produzir a constituição; *c)* que a constituição possa ser conseguida mediante sentença.

É necessário, todavia, separar os casos em que a constitutividade dos efeitos somente será obtenível por força de sentença, daqueles em que esses efeitos podem ser normalmente produzidos por intermédio de ato volitivo das partes. No primeiro caso, a exigência de provimento jurisdicional constitutivo decorre da indisponibilidade da relação ou da situação jurídica, em virtude da sua importância para a sociedade, para as instituições etc.; no segundo, ausente esse interesse social, permite-se que a relação ou situação jurídica seja constituída, modificada ou extinta por ato das próprias partes, sob a forma de avença ou de qualquer outro negócio jurídico.

Exemplo característico, no direito material e processual do trabalho, de relação jurídica que apenas pode ser extinta por intermédio de provimento constitutivo é o da dissolução do contrato de trabalho de empregado garantido pela estabilidade no emprego, mediante sentença proferida em ação (e não "inquérito", como está na lei: CLT, art. 494, *caput*) especialmente posta em juízo pelo empregador. Como alteração possível por meio de ato das próprias partes, mencionamos a equiparação salarial concedida por ato voluntário do empregador.

3) Na *ação condenatória*, sempre que a providência jurisdicional solicitada acolher os pedidos formulados pelo autor (no todo ou em parte); aí estará, expressa, uma sanção condenatória do réu, obrigando-o a uma determinada (ou mais de uma, conforme seja o caso) prestação, postulada na inicial, que poderá ser de entregar, de fazer, de não fazer etc. Se a sentença, ao contrário, rejeitar integralmente os pedidos do autor, não será condenatória e sim declaratória-negativa, ou desestimatória, como também a denomina a locução doutrinária (Alcides de Mendonça Lima, "Comentários ao Código de Processo Civil, Rio de Janeiro: Forense, 1974, pág. 296).

A sentença condenatória é a única que concede ao autor um *novo direito de ação*, em que deduzirá, agora, uma pretensão *executiva*.

Afirmamos, há pouco, que a sentença será condenatória quando acolher, total ou parcialmente, os pedidos formulados pelo autor porque pusemos à frente aquele aspecto que mais interessa para definir se ela seria, em concreto, condenatória ou não: o direito disputado pelas partes. Mesmo que as pretensões do autor venham a ser repelidas, não se poderá negar que, em outro sentido, a sentença será condenatória sempre que atribuir ao vencido o encargo do pagamento das custas, emolumentos e outras despesas processuais. Tanto isto é certo, que se ele não as pagar sujeitar-se-á à consequente execução (salvo se obteve o benefício da justiça gratuita), que será promovida pela própria Justiça do Trabalho, culminando (se este for o caso) com a expropriação de alguns dos seus bens.

Por este ponto de vista — que nos parece juridicamente defensável —, também serão condenatórias as sentenças declaratórias e as constitutivas, na parte em que impuserem ao vencido o pagamento de custas, emolumentos, multas e o mais.

Para Alcides de Mendonça Lima não se confundem as sentenças *condenatórias* com as de *condenação:* "Aquelas são mais amplas, abrangendo também as de natureza meramente declaratória e constitutiva, na parte em que haja alguma condenação acessória quanto ao pedido propriamente dito. As últimas, porém, são mais restritas, pois parecem ater-se apenas às proferidas em ações de condenação ou condenatórias" (obra cit., pág. 294).

Embora, no geral, seja possível sustentar-se que a sentença condenatória passada em julgado enseja a correspondente execução, com todas as medidas coercitivas que lhe são inerentes, em um caso, pelo menos, essa assertiva não é verdadeira. Referimo-nos à execução contra a Fazenda Pública, pois a citação, nesta hipótese, não será para cumprir a obrigação de pagar quantia certa, estampada no título executivo, nem para oferecer bens à penhora, mas apenas para opor embargos à execução (CPC, art. 535). Sucede que sendo os bens públicos impenhoráveis, os pagamentos devidos pela União, pelos Estados-Membros e pelos Municípios, por força de provimento jurisdicional transitado em julgado, far-se-ão na ordem rigorosa de apresentação dos precatórios e à conta dos créditos respectivos (Const. Fed., art. 100, *caput*; CPC, art. 535, § 3.º, I), sendo, em virtude disso, obrigatória a inclusão, no orçamento das entidades de Direito Público, de verba suficiente para atender ao pagamento dos seus débitos constantes dos precatórios judiciais apresentados até primeiro de julho (Const. Fed., art. 100, § 1º). Será dispensável o precatório quanto se tratar de obrigação de pequeno valor (CF, art. 100, § 3º; CPC, art. 535, § 3.º, II).

É palmar que se a obrigação a ser cumprida pelo Poder Público for de entregar coisa, fazer ou não fazer, a execução far-se-á segundo o procedimento legal estabelecido para a execução contra os devedores particulares; logo, a citação, nesses casos, será para efetuar a correspondente prestação, e não meramente para oferecer embargos, como se dá quando a obrigação é de pagar quantia certa.

É somente à sentença condenatória que a lei (CLT, art. 876, *caput)* atribui eficácia de título executivo — e não à declaratória e à constitutiva, observadas as ressalvas que fizemos, quanto a estas, no que respeita a custas, a emolumentos e a outras despesas processuais que tenham sido objeto de condenação.

Considerando que cada sentença possui natureza própria (conhecimento, execução e cautelar) e que a de conhecimento se subdivide em declaratória, constitutiva e condenatória, o processo civil, por seu art. 492, proíbe ao juiz proferir sentença, a favor do autor, de natureza diversa da pedida; desta forma, se o provimento desejado era condenatório e o que veio foi constitutivo; ou, tendo pleiteado um constitutivo o que se emitiu foi um declaratório, haverá nulidade da sentença por desrespeito à regra inscrita no art. 492 do CPC. Essa norma legal, porém, não deve ser interpretada sob um rigor que nem mesmo a sua literalidade sugere. Há casos em que razões lógicas impedem de manter-se a natureza da sentença solicitada dentro dos limites exigidos por lei, como acontece, *e.g.,* quando a providência jurisdicional rejeita as pretensões deduzidas pelo autor: em que pese ao fato de o pedido ter sido de sentença condenatória, as provas dos autos impuseram que, rejeitada a pretensão, fosse prolatada uma de natureza diversa, ou seja, declaratória-negativa (porquanto se afirmou a inexistência do direito invocado: às horas extras, à indenização, etc.).

Em outras situações, ainda, o autor pede que a sentença, como uma unidade lógica, contenha partes distintas, embora harmoniosas entre si: seja reconhecida a alegada relação de emprego com o réu (sentença declarativa) e, em consequência, imposta a este a obrigação de pagar as quantias mencionadas na peça inaugural (sentença condenatória). Nesta hipótese, a sentença poderia ser apenas *declaratória* (reconheceria a relação de emprego), mas não necessariamente condenatória (pois, *e.g.*, o autor não teria direito às quantias postuladas); o que não se poderia, no exemplo aventado, é emitir um provimento que, negando o principal (relação de emprego), concedesse o acessório (quantias pleiteadas). Caso, entretanto, a relação de emprego não fosse expressamente declarada, entende-se que estaria *implícita* no provimento condenatório ao pagamento das citadas parcelas.

Alguns autores incluem, ainda, ao lado das ações até aqui examinadas, as *mandamentais*. Para Goldschmidt, por exemplo, essa modalidade de ação tem por escopo "obter um mandado dirigido a outro órgão do Estado por meio de sentença judicial" ("Derecho Procesal Civil", Barcelona, 1936, pág. 113). Pontes de Miranda, tendo como critério a eficácia preponderante, também reconhece a existência de ações mandamentais ("Tratado da Ação Rescisória", Rio de Janeiro: Forense, 5.ª ed., 1976, pág. 48).

Não compartilhávamos esse entendimento. Dizíamos equívoco de autores como os que citamos parece residir no fato de haverem restringido a essa classe de ações a possibilidade de provocarem, com a sentença delas extraída, a expedição de *mandado* contra órgãos estatais, quando sabíamos que essa consequência também se verificava no caso das sentenças declaratórias, das constitutivas e das condenatórias. Reputávamos justas, por isso, as críticas que a essa corrente de opinião dirigira *Celso Agrícola Barbi*: "Assim se vê que a categoria de ações e sentenças mandamentais só pode ser admitida em outra classificação, na qual o elemento diferenciador seja a existência, ou não, de um mandado a outro órgão do Estado" ("Comentários ao Código de Processo Civil", Rio de Janeiro: Forense, vol. I, 1981, pág. 57).

Reformulamos a nossa opinião, cujas razões estão expostas mais adiante.

b) Ação de execução

Vimos que o objetivo das ações condenatórias (de conhecimento, portanto) é conseguir um pronunciamento jurisdicional acerca da situação ou da relação jurídica *in iudicio deducta*, com a consequente condenação do réu a uma determinada prestação. De par com essa finalidade declaratória, pois, tais sentenças trazem um conteúdo tipicamente *sancionatório*, subsumido na condenação do réu.

Transitando em julgado, a sentença se converte em título executivo (CLT, art. 876; CPC, art. 783), com base no qual o credor provocará o exercício da função jurisdicional com a finalidade de fazer com que o Estado-Juiz pratique atos de execução, de modo a tornar efetiva a sanção contida no título judicial.

Ao tempo em que estava em vigor o CPC de 1939, Liebman pôde afirmar: "A execução da sentença, conforme resulta das próprias palavras, é baseada numa sentença condenatória exequível e deve, portanto, ser precedida de um processo de cognição encerrado com o pronunciamento de uma sentença que normalmente deverá ter passado em julgado (CPC, art. 882) e excepcionalmente poderá dar lugar à execução provisória (art. 830). A ação executiva, ao contrário, é cabível nos casos indicados no art. 298 do CPC e, não tendo sido precedida de outro processo, oferece no próprio curso de seu desenvolvimento oportunidade para a existência do direito cuja execução pleiteia" ("Estudos sobre o Processo Civiul Brasileiro", São Paulo: José Bushatsky, 1976, pág. 34). Observava, ainda, o notável mestre milanês, que o processo executivo, oriundo do processo medieval, logo se difundiu por toda a Europa, vindo mais tarde a desaparecer, embora tenha subsistido nos países sul-americanos, onde chegou via legislações de Espanha e Portugal.

Como se percebe, Liebman distinguia a *execução* da *ação executiva*; a primeira, por ele também denominada de ação executória, correspondia à execução forçada e pressupunha um título executivo judicial — em regra a sentença condenatória —, cuja sanção constituía, assim, o objeto dessa modalidade de execução; a segunda (ação executiva) se lastreava em títulos extrajudiciais, dotados, por lei, de eficácia de título executivo. A ação executiva era ação especial, no sistema do CPC de 1939, pois após a sentença inaugurava-se um procedimento ordinário, próprio do processo de conhecimento, sendo que ulteriormente à sentença é que ocorriam os atos executórios.

Devemos alertar, porém, que a distinção doutrinária entre a execução e a ação executiva já não se justifica após o advento do CPC de 1973, porquanto este Código, abandonando a antiga dicotomia, *unificou* as vias executórias, como bem revelava o seu art. 583: "toda execução tem por base título executivo judicial ou extrajudicial". O fato de esta norma haver sido revogada pela Lei n.º 11.382/2005, não significa que a execução possa processar-se sem estar apoiada em alguma espécie de título.

A propósito, o próprio CPC enumera, no art. 515, quais são os títulos judiciais, e no art. 784, os extrajudiciais.

Andou certo o legislador brasileiro ao impor essa unicidade ao processo de execução — existente, aliás, em grande parte dos países europeus[3].

---

(3) Em França, p. ex., o direito consuetudinário proclamou a equivalência das sentenças e dos instrumentos públicos (*lettres obligatoires faites par devant notaire au passés sous Seel Royal*), motivo por que conferiu a ambos os títulos a possibilidade da execução forçada (*exécution parée*). O princípio da unidade dos títulos executivos esteve presente também nas Ordenações reinóis portuguesas e no *Code de Procédure* Civil napoleônico, de onde espraiou-se para diversas outras legislações dos tempos modernos, notadamente, as europeias. Na Exposição de Motivos do de 1973, o Prof. Alfredo Buzaid encontrou ensejo para declarar que "O projeto segue essa orientação,

Anteriormente ao advento do CPC de 1939 — e mesmo durante a sua vigência — estabeleceu-se intensa disputa doutrinária a respeito da *natureza jurídica* da execução. Sustentava-se, de um lado, que ela era mera fase do procedimento(Costa Carvalho, "Curso Teórico-Prático de Direito Judiciário", Rio de Janeiro: 1953, vol. 5, pág. 11, n. 1); um componente, uma parte integrante da ação (Affonso Fraga, "Execução das Sentenças", pág. 17, n. 2); de outro, afirmava-se a sua autonomia em face do processo de cognição, sob o argumento de que a execução configurava — para utilizarmos a linguagem da época — uma nova instância (Pereira e Souza, "Primeiras Linhas sobre Processo Civil", vol. 3º, pág. 18, nota 780), um novo juízo (Almeida e Souza, "Tratado sobre a Execução", pág. 99, § 88), tanto que se iniciava pela citação do devedor (Paula Batista, "Teoria e Prática do Processo Civil e Comercial", pág. 135, § 177).

Gabriel de Rezende Filho, como representante desta última corrente de pensamento, asseverava que a execução correspondia ao epílogo da ação condenatória, ao seu coroamento, de tal maneira que ambos nada mais eram que *momentos* de uma só ação, observando que "no processo judiciário, também se começa por *conhecer* os fatos e o direito, mediante o contraditório e por obra do juiz; depois, o juiz decide, isto é, quer em sentido jurídico, conferindo a este querer uma eficácia toda especial; finalmente, age, isto é, assegura praticamente o resultado da obra intelectual e volitiva, mediante as formas exigidas pelo conteúdo mesmo da sentença. A atividade de conhecimento é também atividade de coerção. Deve-se reconhecer, portanto, que existe uma unidade fundamental em todos os momentos da jurisdição, tanto nos declarativos como nos executivos". ("Curso de Direito Processual Civil", 3ª Ed., São Paulo: Saraiva, 1952, vol. III, pág. 69).

A fonte dessa dissensão doutrinal residia, reconhecidamente, na redação do art. 196 do CPC, de 1939, que assim se apresentava: "A instância começará pela citação inicial válida e terminará por sua absolvição (atual extinção do processo sem resolução do mérito: CPC, art. 485) ou cessação ou pela execução da sentença", valendo destacar que esse artigo estava compreendido pelas Disposições Gerais daquele diploma processual.

O CPC de 1973, entretanto, deu cobro à controvérsia ao considerar o processo de execução como autônomo, dedicando-lhe todo um Livro (II), integrado por diversos Capítulos e Seções, consagrando, dessa forma, a corrente doutrinária que, há vários anos, vinha proclamando a autonomia desse processo. Tempos depois, a Lei n. 11.232/2005 retirou essa autonomia, no âmbito do processo civil, no que diz respeito à execução fundada em título judicial. Essa execução passou

---

porque, na verdade, a ação executiva nada mais é do que uma espécie de execução geral; e assim parece aconselhável reunir os títulos executivos judiciais e extrajudiciais. Sob o aspecto prático são evidentes as vantagens que resultam dessa unificação, pois o projeto suprime a ação executiva e o executivo fiscal como ações autônomas" (Cap. IV, do Plano da Reforma, III, Das Inovações, n. 21).

a ser identificada sob o título de "cumprimento da sentença", sendo os clássicos embargos do devedor substituídos pela "impugnação" à sentença (CPC, de 1973, arts. 475-I a 475-R; CPC de 2015, arts. 513 a 538). Esse sincretismo processual, todavia, não afeta o processo do trabalho, uma vez que a CLT não é omissa (CLT, arts. 769 e 889) sobre o processo de execução, como evidenciam os seus arts. 876 a 892. Em suma, enquanto, no processo civil, a execução calcada em título *judicial* perdeu a sua autonomia, passando a integrar o processo de conhecimento, como fase subsequente à emissão da sentença, no processo do trabalho a execução – seja fundada em título judicial ou extrajudicial – segue sendo autônoma. Autônoma também continua a ser, no plano do processo civil, a execução calcada em título *extrajudicial*.

É irrecusável que, sob a óptica estritamente do processo do trabalho, a execução é autônoma em relação ao processo de conhecimento, tanto que se pode iniciar com espeque em título *extrajudicial* (CLT, art. 876); daí por que ela instaura uma nova relação jurídica processual, sendo certo que qualquer vínculo que possa ter com o processo de conhecimento somente poderá ser admitido sob o aspecto lógico, até porque, em alguns casos, o pressupõe (CLT, *ibidem*).

Moacyr Amaral Santos, perfilhando esse entendimento, lembra que embora haja uma certa conexão entre ambos os processos, a distinção entre eles é nítida, pois decorrem de ações também distintas ("Primeiras Linhas", 3º vol., n. 804, pág. 233).

Ressalte-se, ainda, a concepção de Chiovenda, de que a sentença produz aquilo que denominou de *novidade jurídica*, porquanto a lei, atuando com a verificação, esgota o poder jurídico do autor, consumando a ação; e conclui o festejado jurista: "Nesse momento mesmo, origina-se a favor do autor um novo poder jurídico, isto é, uma nova ação consistente no poder *jurídico de verificar a condição para ulterior atuação da vontade da lei verificada na sentença*" (sublinhamos; "Instituições", pág. 250, I).

Como registro histórico, é interessante observarmos que ao tempo em que a autonomia da execução, no processo civil, estava claramente estampada na Lei, e era, por isso, reconhecida pela unanimidade da doutrina, tínhamos pensamento divergente, no que se referia ao processo do trabalho.

Dizíamos: "Sem que nos sintamos vocacionados à heterodoxia, contudo, pensamos que a execução trabalhista, longe de ser assinalada pela autonomia reconhecida pelos ilustres autores nominados, representa simples *fase* do processo de cognição que deu origem ao provimento jurisdicional condenatório, do qual a execução é sequente. Este entendimento não significa, como possa parecer, que estejamos preconizando uma involução dos estudos doutrinários acerca da natureza jurídica da execução; por ele, ao contrário, procuramos chamar a atenção às peculiaridades do processo do trabalho, diante das quais, a nosso ver, não prosperam aqueles argumentos que tornaram vitoriosa a doutrina civilista que defendia a autonomia do processo executório.

Procuremos demonstrar.

Nada obstante a autonomia do processo de execução esteja hoje admitida pelo próprio Código de Processo Civil, a execução trabalhista figura, segundo dissemos, como mera fase do procedimento. Basta observar que ela, quando fundada em título judicial, pode ser promovida *de ofício*, quando as partes não estiverem representadas por advogado (fato que constitui significativa exceção ao princípio da ação, ou da inércia jurisdicional), de acordo com o permissivo do art. 878, *caput*, da CLT, sem nos esquecermos de que em se tratando de decisão proferida por Tribunal Regional a iniciativa da execução poderá ser tomada pela Procuradoria da Justiça do Trabalho (CLT, art. 878, parágrafo único). No plano do processo civil, a execução será promovida apenas pelo credor (CPC, art. 778, *caput*), pelo devedor (CLT, art. 878, *caput*), pelo Ministério Público, nos casos prescritos em lei (CPC, art. 778, § 1º, II) e pelas demais pessoas relacionadas, no art. 778; nunca, porém, pelo próprio juiz, *ex officio*.

No passado, também acrescentávamos, em reforço a este nosso entendimento, o argumento de que a execução trabalhista somente poderia fundar-se em título judicial, por força da redação que, à época, possuía o art. 836, da CLT. Significava, portanto, que essa execução pressupunha, necessariamente, um prévio processo de conhecimento. Ainda naquela altura dizíamos que somente mediante lei se poderia autorizar que a execução se processasse com fulcro em título extrajudicial.

Em parte, essa nossa previsão se concretizou. Assim dizemos, porque a Lei n. 9.958, de 12-1-2000, que deu nova redação ao art. 876, *caput*, da CLT, atribuiu eficácia de título executivo extrajudicial aos *termos* firmados perante: a) o Ministério Público do Trabalho; b) as Comissões de Conciliação Prévia. Não se pode deixar de reconhecer, portanto, nos dias atuais, que a execução trabalhista não mais pressupõe um processo de conhecimento, porquanto pode ser calcada em título extrajudicial, materializado nos *termos* a que alude o art. 876, *caput*, da CLT, além de outros. De qualquer modo, essa execução continua a ser autônoma, em relação ao processo de conhecimento, mesmo quando baseada em título judicial. Essa autonomia se caracteriza não apenas pelo objeto, como, também, pelo procedimento.

c) Ação cautelar

O fato de o CPC de 2015 haver imposto profunda alteração na disciplina das medidas cautelares não torna superadas as considerações que expendemos sobre o tema, ao tempo do CPC de 1973.

Vamos à elas.

Outrora, notadamente por influência das doutrinas alemã e austríaca, a ação cautelar era considerada uma espécie de apêndice, de ancila a serviço das ações de conhecimento e de execução. Na Itália, por exemplo, Redenti afirmava que *"el juez, con la concesión da providencias cautelares, cualquiera que sea el procedimiento para obtenerlas, ejerce poderes que pueden a primera vista parecer (y a alguien así le han parecido) sensiblemente diferentes de los que normalmente se le atribuyen en los procedimientos de cognición. Pero, en el fondo, entran en la orden de los poderes instrumentales, y no se coordinan a una función final distinta y autônoma dentro del cuadro de las funciones jurisdiccionales (al punto de tenerla que enumerar separadamente, por ejemplo, al lado de las categorias fundamentales de la jurisdicción voluntaria y de la contenciosa"*; ("Derecho Procesal Civil", Buenos Aires: vol. II, 1957, pág. 244).

Deve-se a Chiovenda, contudo, o mérito de — rompendo com o pensamento então predominante — haver sustentado, pela primeira vez, a autonomia da ação cautelar ("Instituições", 1. ed. Brasileira, vol. I, n. 82, pág. 384), em face das anteriormente mencionadas, embora, estudos mais aprofundados sobre o assunto viessem a ser desenvolvidos, tempos depois, por Carnelutti ("Trattato", Nápoles: 1958, pág. 355, nota 2) e Liebman ("Unitá del Procedimento Cautelare", in Riv. di Diritto Processuale", vol. I, 1954, pág. 248).

Chiovenda reconheceu a existência de "ações asseguradoras" e também do direito a um provimento acautelatório, que segundo ele representava um direito do Estado que encontrava os seus fundamentos nas necessidades gerais da tutela jurídica, *"y la parte tiene sino el poder de provocar su ejercicio en el caso concreto"*. Para o notável jurista, as medidas cautelares provinham da necessidade de afastar a iminência de um provável dano a direito ou a possível direito da parte. Parece-nos, todavia, que o escopo de evitar danos iminentes não é apanágio das medidas acautelatórias, bastando lembrar, *e.g.,* a alienação antecipada de bens penhorados, de que cuidam os arts. 852, do CPC, e 21, da Lei n. 6.830/80.

Como já observou *José Alberto dos Reis,* faltou a *Chiovenda* completar o conceito de medida cautelar, vinculando-o à condição de que o receio de dano deve resultar do perigo da demora na consecução da tutela jurisdicional de fundo ("Código de Processo Civil Anotado", Coimbra: 3.ª ed., 1949).

Calamandrei, por sua parte, defendeu o caráter *instrumental* das providências acautelatórias, pois elas visam, mais do que fazer atuar o direito, a assegurar a eficácia prática do provimento definitivo, cabendo a este a tarefa de conduzir à atuação do direito, arrematando que "Se todas as providências jurisdicionais são um instrumento do direito substancial, que se atua através delas, nas providências cautelares se encontra uma instrumentalidade qualificada, ou seja, elevada por assim dizer, ao quadrado; são, com efeito, de uma maneira inevitável, um meio predisposto para o melhor êxito da providência definitiva, que, a sua vez, é um meio para atuação do direito, isto é, são, uma realidade, a finalidade última da função jurisdicional, instrumento do instrumento"("Introducción al estudio sistemático de las providencias cautelares", *apud* Castro Villar, "Medidas Cautelares", São Paulo: Rev. dos Tribunais, 1971, pág. 53).

Conforme se pode perceber, em Calamandrei as providências cautelares não possuem uma finalidade própria, interna, constituindo em verdade um meio de servir ao provimento jurisdicional definitivo. Daí, instrumentalidade que atribuiu às cautelares. É possível, ainda, identificar-se na doutrina desse grande jurista uma afirmação de provisoriedade das providências acautelatórias, na medida em que está em sua índole dar lugar, mais tarde, a um decreto definitivo. Nada obstante discordemos dessa instrumentalidade e dessa provisoriedade — pelo menos em caráter geral — apontadas por Calamandrei, é forçoso reconhecer que o seu pensamento representou um significativo avanço nos estudos doutrinários a respeito das ações cautelares, sua natureza, finalidade e sistematização científica.

Outra objeção que se pode fazer a Calamandrei se relaciona ao fato de não haver elevado as ações cautelares a um terceiro gênero, ao lado das de conhecimento e de execução, conquanto tenha procurado justificar a sua atitude com o argumento de que a exata definição das providências cautelares, dentro do campo processual, deve ser buscada num critério teleológico: "não na qualidade (declarativa ou executiva) de seus efeitos, mas no fim (antecipação dos efeitos da providência principal) a que seus efeitos preordenados" (*apud* Castro Villar, idem, *ibidem*).

Dentre os autores italianos, porém, coube a Carnelutti dar o mais importante passo em direção à autonomia da ação cautelar. É certo que a sua opinião, até chegar a esse ponto, sofreu diversas reformulações, pois o entendimento inicial que tal ação tinha como finalidade produzir a "sistematização de fato durante a lide" ("*Lezione di Diritto Processuale Civile*", vol. II, pág. 60) foi substituído pela ideia de que a cautelar representava uma "composição provisória da lide" ("*Sistema di Diritto Processuale Civile*", vol. I, pág. 205) passando, mais tarde, a ver no processo cautelar o objetivo de assegurar a "utilidade prática do processo definitivo" ("*Instituciones del Nuevo Proceso Civil Italiano*", pág. 63). Por último, Carnelutti concebeu a ação cautelar como destinada a evitar qualquer modificação no equilíbrio inicial dos litigantes, que pudesse advir da tardança na composição definitiva da lide ("*Diritto e Processo*", n. 234, pág. 356).

Carnelutti retirou, portanto, o processo cautelar de sua posição secundária de mero instrumento de garantia do provimento definitivo, dando-lhe foros de autonomia e, com isso, elegeu-o como um *tertium genus*, no mesmo plano dos processos de conhecimento e de execução. Essa concepção autonomista das providências acautelatórias partiu da constatação de que uma das finalidades da jurisdição é a prevenção; e, para realizá-la, o caminho adequado é justamente o das cautelares.

Inspirada nas ideias desse notável processualista, a doutrina moderna acabou por consagrar, em definitivo, a autonomia da ação cautelar; essa autonomia decorre da peculiar natureza da pretensão que é deduzida nas ações dessa espécie: a *pretensão à segurança;* ou "pretensão à segurança de pretensão", na voz abalizada de Pontes de Miranda ("Comentários ao Código de Processo Civil", vol. IV, 1949, pág. 11).

Efetivamente, o que pretende o indivíduo, ao formular um pedido de acautelamento, não é obter uma declaração do seu direito, sucedida de eventual constitutividade ou condenação (conhecimento), ou mesmo fazer atuar coativamente o direito reconhecido (execução); o que está em seu propósito é conseguir um provimento jurisdicional assecuratório da viabilidade do próprio processo, como método estatal de heterocomposição das lides. Segue-se, que o interesse a ser tutelado, na espécie, não se relaciona com um possível direito subjetivo material e sim com um direito essencialmente *processual*, a despeito de determinado segmento da doutrina admitir a existência de um direito substancial de cautela, como veremos oportunamente.

É de grande proveito insistir em que a *pretensão à segurança* — como nota característica das ações cautelares — não tem como núcleo o direito substancial, que venha a constituir o objeto da ação futura, dita "principal", se não que o processo; daí promana a sua finalidade de "servir o interesse público na defesa do instrumento criado pelo Estado para compor lides, isto é, defesa do processo" (Ronaldo Cunha Passos, "Comentários", *in* Revista Brasileira de Direito Processual", vol. IV, pág. 184). Evidencia-se, por esse motivo, o equívoco em que incidem quantos supõem que o requisito do *fumus boni iuris* se refira ao direito material, eventualmente invocado pelo requerente da providência acautelatória; esse direito, como é elementar, deverá ser objeto de investigação e de pronunciamento no processo *de conhecimento.*

Ponderemos, no entanto, que a assertiva de que a finalidade das medidas cautelares é garantir o processo futuro, que comporá em definitivo a lide a ser deduzida, conquanto se encontre largamente aceita pela doutrina, não pode ter o sentido generalizante que se lhe vem atribuindo, nem o caráter de acessoriedade, que se insinua nessas afirmações. Mencionemos, como argumento, a justificação judicial, medida cautelar específica de que alguém pode se valer para comprovar a existência de fato ou relação jurídica, ainda que "para simples documento e sem caráter contencioso", como está expresso no art. 381, § 5º, do CPC. Neste caso, a providência cautelar representa um fim em si mesma, não tendo em mira qualquer processo principal, presente ou futuro, a que se vincule.

Por outro lado, são irrefutáveis os motivos de fato que determinaram a instituição das medidas cautelares no ordenamento processual; é que, detendo o Estado o monopólio da administração da justiça, não seria justo, nem ético, que a costumeira lentidão do procedimento viesse a acarretar danos — muitas vezes irreparáveis — a quem pudesse ter razão jurídica. Desse fato, aliás, é que se originou o pressuposto do *periculum in mora*, exigido nas ações dessa natureza. Sabemos que do ingresso em juízo à efetiva entrega da prestação jurisdicional medeia, regra genérica, longo espaço de tempo, ocasionado por fatores diversos, dentre os quais se incluem a morosidade da instrução do procedimento, o congestionamento do

Judiciário e o mais. Como medida tendente a permitir que a sentença faça, o quanto possível, atuar a lei como se tal fato estivesse ocorrendo na própria época em que a ação foi ajuizada, instituíram-se as providências acautelatórias, cuja nota característica, como vimos, é a pretensão à segurança. Hugo Alsina captou, com grande sensibilidade, esse anseio de contemporaneidade da sentença com o ingresso da parte em juízo, observando que o juiz, ao solucionar a lide principal, *"debe colocarse al momento de la iniciación del juicio"* (*"Tratado Teórico Practico de Derecho Procesal Civil y Comercial"*, 2. ed., vol. 5, págs. 447/448). Em termos práticos, esse ideal só é atingível mediante a utilização de medidas acautelatórias.

|Capítulo IV|

AUTONOMIA DA AÇÃO

Conforme procuramos demonstrar no Capítulo anterior, dentre as várias teorias doutrinárias concebidas para definir a natureza jurídica da ação acabou por prevalecer, em nosso meio, a do direito abstrato, ou seja, a que reconhece autonomia à ação, em cotejo com o direito material.

Conquanto, de modo geral, o indivíduo invoque a prestação da tutela jurisdição, com o escopo de promover a defesa de um direito material (ou substancial), lesado ou na iminência de sofrer lesão, isto não significa que somente haverá direito de ação se existir um direito material subjacente. A prevalecer esta vinculação da ação ao direito material ficaria difícil explicar, nos casos em que os pedidos do autor são rejeitados, qual seria o direito que lhe teria permitido ingressar em juízo, se o direito material alegado não lhe foi reconhecido

A ação traduz, pois, um direito abstrato, cuja existência não se vincula, necessariamente, à presença de um direito material. A ação declaratória negativa, a propósito, surge como uma das mais expressivas demonstrações da autonomia da ação, pois o que o autor pede, neste caso, é um pronunciamento jurisdicional declaratório de inexistência de relação jurídica material com o adversário.

Segue-se, pois, que mesmo que os pedidos formulados pelo autor venham a ser integralmente rejeitados pela sentença, nem por isso terá deixado de existir ação, entendida esta como o direito público subjetivo de invocar-se a prestação da tutela jurisdicional, com a finalidade de promover a defesa de um interesse tutelado pelo ordenamento jurídico. No Brasil, a ação foi alteada à categoria dos direitos e garantias fundamentais dos indivíduos e das coletividades, como patenteia o art. 5º, inciso XXXV, de nossa Suprema Carta Política.

Capítulo V

CONDIÇÕES DA AÇÃO

A despeito de a ação, como pudemos ver, constituir um direito subjetivo público de índole constitucional, de par com ser autônoma e abstrata, o correspondente exercício pode ser subordinado ao atendimento de certos requisitos legais, como medida tendente a evitar que a atuação do poder-dever jurisdicional do Estado seja provocado por aquele que não reúna condições para realizar essa invocação. Permitir, pois, que o interessado impetrasse a tutela jurisdicional sem a observância de quaisquer requisitos seria, em nome do direito de ação, abrir larga oportunidade ao abuso do direito, às aventuras judiciais.

As condições da ação foram realçadas na doutrina do notável Enrico Tullio Liebman, cuja residência, em nosso País, entre os anos de 1940 e 1946, inspirou, como vimos, o surgimento do que Alcalá-Zamora viria a denominar, mais tarde, de "Escola Processual de São Paulo" — ou "do Brasil?", como indagam, com razão, Cintra, Grinover e Dinamarco (obra cit., 8. ed., 1986, pág. 80).

Discípulo de Chiovenda, Liebman conhecia em profundidade as doutrinas processuais italiana e alemã, pois além de grande estudioso do assunto, era Professor titular de direito processual civil na Universidade de Parma. A extraordinária cultura jurídica e a personalidade afável do jovem mestre italiano logo motivaram a que pensadores brasileiros dele se acercassem, ávidos de entrarem em contato com as ideias imperantes na velha Europa. Surgiram, então, as reuniões semanais na casa de *Liebman*, em São Paulo. Como anota Cândido Dinamarco, "Sob sua orientação segura, os discípulos ganharam asas e alcançaram vôos alcandorados no céu da cultura processualística" ("Fundamentos do Processo Civil Moderno", São Paulo: Revista dos Tribunais, 1986, pág. 8).

Alfredo Buzaid, um dos discípulos de *Liebman*, absorveu, com fidelidade, as lições do mestre; mais que isso, utilizou-as na elaboração do anteprojeto do atual Código de Processo Civil, ao tempo em que era Ministro da Justiça.

Com efeito, o diploma processual civil de 1973 fazia referência às condições da ação no art. 267, VI, declarando, em harmonia com a doutrina de *Liebman*, que elas compreendiam: *a)* a possibilidade jurídica do pedido; *b)* a legitimidade das partes; e *c)* o interesse processual.

A inexistência de quaisquer dessas condições poderia conduzir ao indeferimento da petição inicial (CPC, de 1973, art. 295, II e III e parágrafo único, III), com a consequente extinção do processo sem pronunciamento sobre o mérito (CPC, art. 267, VI).

Essas consequências foram mantidas pelo CPC de 2015, conforme demonstram os arts. 330, II, e 485, VI, respectivamente, embora esse Código tenha reduzido a duas as condições da ação, a saber: 1) legitimidade e 2) interesse processual (art. 17).

A despeito disso, nossa preocupação histórica nos motiva a lançar alguns comentários à *possibilidade jurídica do pedido*, abandonada – com acerto –,como dissemos, pelo CPC de 2015.

a) Possibilidade jurídica do pedido

A expressão "pedido juridicamente impossível" vem sendo, na prática, incorretamente interpretada. No âmbito do processo do trabalho, *e.g.*, quando o empregado deduz uma pretensão fundada em direito que, em verdade, nem a lei, o contrato ou o instrumento normativo lhe conferem, costuma-se declará-lo carecedor da ação, sob o argumento de que o seu pedido, por não ter amparo em quaisquer das fontes citadas, *é* juridicamente impossível. *Venia concessa*, como bem adverte Moniz de Aragão, a possibilidade jurídica de um pedimento judicial não deve ser, como geralmente o é, conceituada segundo o ângulo da existência, no ordenamento jurídico, de uma previsão que torne o pedido viável, em tese, mas, ao contrário, com vistas à *inexistência*, nesse ordenamento, de forma que o faça inviável ("Comentários ao Código de Processo Civil", Rio de Janeiro: Forense, vol. II, 1974, pág. 436).

Bem se percebe, pois, que no exemplo citado o empregado não poderia ser declarado carecente da ação, na medida em que inexiste, no ordenamento legal, qualquer *veto* à pretensão por ele apresentada. Uma coisa, consequentemente, é a lei *não prever* o direito invocado pela parte e outra, a lei *proibir* a formulação de certos pedidos.

Quando a lei não ampara um determinado pedido, este deve ser rejeitado, sem que se pronuncie eventual carência da ação, relativamente a quem o formulou.

Erro inveterado, como já alertamos, em que, às vezes, vem incide a jurisprudência trabalhista, no que tange ao assunto em exame, consiste em declarar o autor carecedor da ação sempre que não se reconhece o vínculo de emprego com o réu, por ele pretendido. Até onde sabemos, não há, no ordenamento legal, qualquer regra vedatória de um pedido dessa natureza; além disso, o réu, na hipótese, não seria parte ilegítima para responder à ação, tão certo como o autor teria inegável interesse de agir em juízo.

O caso é, portanto, de *rejeição do pedido* (reconhecimento da relação de emprego), que envolve exame do mérito e não de imaginária "carência da ação", que acarretaria a extinção do processo sem julgamento das questões de fundo (mérito).

Estas nossas considerações, aliás, vêm a propósito.

Jamais concordamos com a doutrina de Liebman, no que toca à inclusão do *pedido juridicamente impossível* no elenco das condições da ação.

De acordo com o sistema inicialmente construído por Liebman, a *impossibilidade* jurídica do pedido ensejava a declaração de carência da ação e a extinção do processo sem prospecção do mérito. Ocorre que se há nas estruturas normativas um veto à dedução de certo pedido, a sentença, que faz respeitar esse veto, invade o campo do mérito e, conseguintemente, acarreta a extinção do processo *com exame* do mérito. Ilustremos com um caso característico: o do pedido lastreado em dívida oriunda de jogo (Código Civil, art. 814: ("As dívidas de jogo ou de aposta não obrigam a pagamento"). Conformando-se esse pedimento, com perfeição, ao conceito doutrinário de *impossibilidade jurídica*, é óbvio que a sua rejeição, pela dicção jurisdicional, acarreta um inevitável aportamento ao mérito da causa. A entender-se de maneira oposta, ter-se-ia de justificar a possibilidade de o autor renovar o pedido, mediante nova ação, tantas quantas fossem as vezes que desejasse, porquanto, segundo o tratamento que o CPC deu à matéria, a pronúncia de carência não inibe ao autor de ingressar em *juízo*, novamente, com o mesmo tipo de pedido, contanto que em ação renovada (art. 486, *caput*).

Por aí se constata o deslize cometido, a princípio, pelo ilustre jurista italiano, ao introduzir a possibilidade jurídica do pedido no grupo das condições da ação. Dissemos: *a princípio,* porque, mais tarde, Liebman reformulou o seu entendimento a respeito do assunto, para excluir a *possibilidade jurídica do pedido* do rol das condições da ação, como revelam estas suas palavras: "*Le condizioni dell'azione, poco fa menzionate, sono l'interesse ad agire e la legittimazione. Esse sono, come già accenato, i requisiti di esistenza dell'azione, e vanno percio accertate in giudizio (anche se, di solito, per implicito) preliminarmente all'esame del mérito. Solo si ricorrono questi condizioni, puo considerasi esistente l'azione e sorge per il giudice la necessità di providere sulla domanda, per accoglierla o respingerla*" (obra cit., pág. 120). Essas condições ficaram, por isso, segundo ele, reduzidas a *duas: a)* legitimidade *ad causam;* e *b)* o interesse processual, em que pese ao fato de, nos termos da dicção legal, ainda permanecer a tríade inicial, integrada pela legitimidade, pelo interesse processual e pela possibilidade jurídica (art. 267, VI) — e o nosso particular entendimento, já manifestado em Capítulo anterior, de que só se deveria cogitar de *uma* condição da ação: o interesse processual. Ou melhor, podemos admitir, também, a legitimidade *ad causam* como condição da ação, desde que a parte declarada ilegítima não possa intentar, novamente, a ação – ao contrário, pois, do disposto no art. 268, do CPC.

Passemos, agora, ao exame das condições para o exercício do direito constitucional de ação, previstas no texto do CPC de 2015.

b) Legitimidade *ad causam*

A legitimidade para a causa figura, legalmente (CPC, art. 17), como uma das condições para o exercício da ação. Tanto pode ser ativa quanto passiva.

Via de regra, a legitimidade *ad causam* é do possível titular do direito material que dá conteúdo à *res in iudicio deducta*. Segue-se, que tirante os casos de legitimação anômala — que configuram a chamada substituição processual — somente pode integrar a relação jurídica processual a pessoa que seja titular da obrigação correspondente ao direito alegado. Daí referir-se Liebman à "pertinência da ação àquele que a propõe e em confronto com a outra parte" ("*Manuale di Diritto Processuale Civile*", Milão: Giuffrè, 3. ed., vol. I, PÁG. 120).

Podemos afirmar, por outras palavras, que a legitimidade para a causa consiste na individualização daquele a quem pertence o interesse de agir e daquele perante o qual se formula a pretensão.

Retornemos ao exemplo do autor que ingressa em juízo visando a obter um provimento declaratório de existência de relação de emprego com o réu, para enfatizarmos a impropriedade científica das sentenças que, negando a presença do *vínculo* empregatício, consideram o autor carecente da ação, por ser o réu, *supostamente*, parte ilegítima *ad causam*.

Ora, provada que esteja a prestação pessoal de serviços ao réu, é elementar que este se encontra passivamente legitimado para a causa; portanto, é precisamente diante dele que o autor deve manifestar a sua pretensão, sabendo-se que "são legitimados para agir, ativa e passivamente, os titulares dos interesses em conflito" (Moacyr Amaral Santos, "Primeiras Linhas de Direito Processual Civil", São Paulo: Saraiva, vol. I, 1978, pág. 144).

Sempre, pois, que o réu estiver vinculado a uma situação jurídica proveniente das alegações formuladas pelo autor, ele estará, fora de qualquer dúvida, legitimado para a causa.

Ilegitimidade do réu existiria, isto sim, se (ainda no exemplo da relação de emprego) o autor houvesse deduzido a sua pretensão diante de pessoa *diversa* daquela para a qual prestou serviços.

Mesmo que o órgão jurisdicional não reconheça a relação de emprego desejada pelo autor (logo, a sentença seria declaratória-negativa) isto não significa que devesse declará-lo carecente da ação, porquanto as correspondentes *condições* foram atendidas (supondo-se que sim). Os juízes que, em casos dessa espécie, emitem um decreto de carência, ignoram que o interesse de agir em juízo é processual e algo abstrato, que em nada se relaciona com o direito material que acaso busque proteger; confundem, em síntese, o exercício do direito de ação com o *resultado* da prestação jurisdicional. O que deve ser evitado.

Como asseveramos no ensejo da apreciação da possibilidade jurídica do pedido, pelo sistema das condições da ação, construído por *Liebman* e incorporado pelo nosso diploma processual civil, a consequência da declaração de carência é a extinção do processo *sem* penetração no mérito. Em termos concretos, isso equivale a afirmar que se a sentença considerar o réu parte ilegítima *ad causam* essa circunstância não impedirá o autor de voltar a ajuizar ação em face do mesmo réu, com fundamento na mesma causa de pedir e deduzindo os mesmos pedidos, tantas quantas forem as vezes que quiser, pois a isso o autoriza o art. 486, *caput*, do CPC.

A solução legal para o problema, como se conclui, é absolutamente inadmissível, pois estimula, ainda que em tese, a formação de um permanente *estado de litigiosidade*, provocativo de inevitáveis turbulências nas relações sociais. Queremos manifestar, com esses argumentos, o nosso parecer de que a declaração de ilegitimidade *ad causam* do réu implica, segundo a melhor doutrina — e ao contrário do disposto no art. 486, *caput*, do CPC —, um pronunciamento acerca do "mérito subjetivo", de sorte a tolher ao autor a possibilidade de deduzir, novamente, diante do mesmo réu, as mesmas pretensões.

c) Interesse processual

No passado, por influência da teoria civilista da ação, o interesse de agir em juízo era considerado como uma espécie de repercussão do interesse protegido pelo direito material; com isso se dizia que quando o direito subjetivo era ameaçado ou lesado, o que nele estava contido recebia a denominação de interesse de agir.

Modernamente, porém, em virtude do reconhecimento da autonomia do direito de ação, já não se confunde o interesse que é próprio do direito substancial com o interesse de agir judicialmente, ou seja, com o *interesse processual*.

Debruçando-se sobre o problema do interesse no plano processual, a doutrina cindiu-se em duas correntes: a primeira entende que o interesse, motivador do ingresso em juízo, decorre da *necessidade* de obter um pronunciamento jurisdicional a propósito da *res in iudicio deducta*; a segunda sustenta que esse interesse é caracterizado pela *utilidade* que o decreto judicial proporciona ao autor, com ser eficiente para solver o conflito de interesses em que se encontra o envolvido.

Dizendo-se por outra forma: pela primeira corrente doutrinária, o interesse existirá sempre que o indivíduo invocar a tutela jurisdicional do Estado, com vistas à solução do litígio, que não pôde dirimir extrajudicialmente; pela segunda, o interesse se relaciona com o pressuposto de que o provimento jurisdicional seja efetivamente eficaz para resolver o conflito de interesses.

Observa Moniz de Aragão que conforme seja o ponto de vista que se adote, o CPC de 1973 parece haver incorporado uma e outra dessas teorias, argumentando com o parágrafo único do art. 4º, a teor do qual seria admissível a ação declaratória ainda que tivesse ocorrido a lesão do direito: "Se a lei reputasse válida a opinião dos que se filiam à primeira corrente, não haveria necessidade da regra inscrita no art. 4º, parágrafo único, pois para estes é evidente que basta a simples necessidade de ingressar em juízo para estar preenchido o requisito do interesse; se a lei faz o esclarecimento referido no mencionado texto, é porque reconhece que, sem essa ressalva, a ação declaratória não poderia ser proposta. Logo, esse dispositivo cria exceção à regra geral, a qual consiste na segunda teoria acima indicada" (obra cit., pág. 440). A opinião de Moniz de Aragão subsiste na vigência do CPC de 2015.

Não tem sido, todavia, convergente a opinião da doutrina acerca da existência de um *interesse processual*. Já em 1928 Invrea refutava todas as concepções sobre o tema. A seu ver, a ideia de interesse era supérflua, redundante, porquanto o interesse estaria relacionado, intimamente, com a propositura da ação. Deitou críticas contundentes às teorias de Mortara (da *utilidade*) e de Chiovenda (da *necessidade*). Com apoio na afirmação de que a liberdade jurídica não deve receber restrições desnecessárias, concluiu ser imprescindível que exista uma razão jurídica — e não um mero interesse — para ser aceita essa restrição. Para ele, a razão jurídica se caracterizava pelo fato de o réu haver cometido uma lesão de direito (motivo por que deve arcar com as consequências do seu ato) ou pela necessidade de o autor obter um provimento jurisdicional para fazer atuar o seu direito (considerando que o limite da liberdade jurídica é o direito alheio).

Carnelutti também anatematiza o conceito de interesse processual, julgando-o "morto, e, se não está morto, moribundo". Essa conclusão do ilustre jurista italiano está em harmonia com o seu entendimento de que o conteúdo do processo não é a ação e sim a lide, que surge quando alguém deseja a tutela de um interesse, em oposição ao interesse de terceiro, que resiste à satisfação do interesse do autor. Carnelutti reputa ser o interesse simples reflexo da existência da lide; inexistindo lide, representa ele uma daquelas situações que devem ser objeto de um processo, a fim de fazer surgir o direito: "Quando se diz, pois, que existe uma lide (ou uma destas situações) e que, respeito a ela, se deve encontrar naquela relação, que constitui a *legitimatio,* já se disse tudo; e o interesse de agir não representa senão a quinta roda do carro... Se, pois, se considera o próprio processo, não só a lide é uma condição do interesse de agir, mas a sua existência absorve esse inútil requisito: os pressupostos da ação são portanto estes dois: a lide e a legitimação" ("Lide e Processo", in *"Studi di Diritto Processuale"*, vol. III, pág. 21 e segs).

Não aceitamos a opinião de Carnelutti.

Em primeiro lugar, a lide, por si só, não justifica o interesse; basta imaginar o recurso interposto pela parte que foi integralmente vencedora na ação:

conquanto exista a lide, é manifesto o seu *desinteresse* (considerado o vocábulo em sua significação processual) em formular uma pretensão recursal; afinal, que necessidade ou mesmo utilidade justificaria o fato de impugnar a sentença? Em segundo, há casos em que inexiste lide (pretensão resistida por outrem) mas o interesse processual não só é concreto como está até mesmo previsto em lei. Invocamos, neste momento, a ação declaratória, cujo pressuposto é exatamente a *incerteza* quanto à relação que constitui o objeto do litígio; incerteza objetiva e atual, ou seja, capaz de provocar uma efetiva hesitação quanto à verdadeira vontade da lei e ser existente e não apenas aleatória. Essa situação de dubiedade deve ser ainda de natureza jurídica e apta para acarretar dano ao autor.

O interesse processual não é, portanto, como assevera Carnelutti, algo inútil, desnecessário; ao reverso, ele representa a mais característica das condições da ação.

Carência da ação

A falta de quaisquer das condições legalmente previstas para o exercício do direito de ação fará com que o autor seja declarado carecedor ou carecente da ação, mediante o indeferimento da petição inicial (CPC, art. 330, II), e com a consequente extinção do processo sem julgamento do mérito (CPC, art. 485, VI). A petição inicial, entretanto, somente poderá ser indeferida se o autor não a emendar no prazo de quinze dias (CPC, art. 321).

A presença das condições da ação é tarefa que incumbe ao juiz realizar, inclusive *ex officio*; verificando a ausência de quaisquer dessas condições, deverá intimar o autor para que emende ou complemente a petição inicial, sob pena de ser indeferida e de acarretar a extinção o processo, ainda que sem resolução do mérito (CPC, arts. 321 e 485, VI).

No sistema do processo do trabalho essa sentença pode ser impugnada por meio de recurso ordinário (CLT, art. 895, "*a*"). Ao recorrer, a parte poderá requerer ao juiz que reconsidere a sua decisão (CPC, art. 331); se o juiz retratar-se (ele terá o prazo de cinco dias para manifestar-se sobre o requerimento do recorrente), o recurso ficará prejudicado, ou melhor, o recorrente terá perdido o seu interesse de manter o recurso. Não sendo reconsiderada a decisão impugnada, os autos serão encaminhados ao tribunal competente. Em face disso, a doutrina do processo civil tem entendido não ser mais necessário intimar a parte contrária para contra-arrazoar o recurso. Penso que, no processo do trabalho, essa interpretação não deve prevalecer. Aqui, a intimação do recorrido deve ser mantida. Desta forma, feita a intimação e decorrido o prazo legal, os autos serão remetidos ao tribunal *ad quem*. Reformada a decisão, pelo tribunal, o prazo para a contestação passará a fluir da intimação do retorno dos autos (CPC, art. 331, § 2º). Se o o autor não recorrer da decisão que indeferiu a petição inicial, o réu será intimado do trânsito em julgado (*ibidem*, § 3º).

Devemos dedicar alguma atenção, agora, ao *momento* em que o juiz deverá verificar a existência das condições da ação. Podemos dizer que, de modo geral, no processo civil é quando ele toma contato com a petição inicial, para determinar a citação do réu. Assim, nessa oportunidade, verá se o autor é parte legítima, se possui interesse processual e se o pedido formulado não é juridicamente impossível. Há casos, porém, em que a ilegitimidade do réu só se revela na contestação, ou em que a legitimidade, ou não, do próprio autor, depende da produção de provas. No sistema do processo do trabalho, o momento ordinário, por assim dizer, de verificação da presença das condições da ação dificilmente coincidirá com o do processo civil, pois o juiz do trabalho, exceto em situações excepcionais, não despacha a petição inicial, ordenando a citação do réu. Esse ato processual é praticado, de maneira automática, pela secretaria do juízo. Em regra, o juiz do trabalho terá contato com a inicial na audiência destinada à recepção da resposta do réu, ou um pouco antes disso. Mesmo assim, os juízes do trabalho costumam não verificar, ato contínuo, a presença das condições da ação, reservando-se para fazê-lo no momento da prolação da sentença. Esse procedimento não é, tecnicamente, correto, por, quando menos, duas razões jurídicas: a) se a legitimidade e o interesse processual constituem *condições* essenciais para o exercício da ação, é ilógico diferir-se o exame da existência, ou não, dessas condições, para a o momento da emissão sentença de fundo; b) a declaração de carência da ação, realizada somente na sentença de fundo, revela um dispêndio inútil de atividade jurisdicional e de atividade privada, pois, antes dessa declaração, pode ter havido instrução processual, como a produção de provas testemunhais, periciais, etc. Deste modo, como justificar-se que a pessoa carecedora ação – por ser destituída de legitimidade, por exemplo – pôde praticar todos esses atos processuais de instrução e outros mais?

Quanto ao *interesse processual*, em particular, pode haver uma certa dificuldade, na prática, acerca do momento da verificação da sua presença. É de elementar conclusão que faltará esse interesse ao empregado que, sem haver sido demitido, postular a sua reintegração no emprego, mesmo sendo portador de estabilidade. Não é com situações dessa ordem que nos preocupamos, e sim, com as deste tipo: o trabalhador ingressa em juízo, pretendendo a condenação do empregador à obrigação de fazer, consistente na concessão de férias; no ensejo da contestação, o réu demonstra que embora o trabalhador haja adquirido o direito às férias (CLT, art. 130), o período de concessão ainda não se esgotou (CLT, art. 134). Diante disso, o juiz poderia, logo em seguida, indeferir a petição inicial (CPC, 330, III), sob o correto argumento de ser, o trabalhador, carecente da ação (CPC, art. 485, VI), em virtude da ausência de interesse processual (CPC, art. 17). Caso, todavia, o juiz se reservasse para apreciar essa preliminar na sentença de fundo e verificasse, nessa oportunidade, que o período concessivo das férias já se havia exaurido, sem que o réu a tivesse concedido, poderia impor a este a condenação à correspondente obrigação de fazer, pois o interesse do autor, que inexistia no início do processo, acabou por aflorar no curso deste.

Carecedor da ação seria, também, o impetrante de mandado de segurança se, antes do julgamento desta ação, o ato impugnado viesse a ser revogado pela autoridade que o praticou.

TERCEIRA PARTE
PROCESSO

|Capítulo I|

CONCEITO

Processo e procedimento

O processo é o método, a técnica, o instrumento de que se utiliza o Estado para, no exercício do seu poder-dever jurisdicional monopólico, solucionar os conflitos de interesses, individuais ou coletivos, que tenham por objeto um bem ou uma utilidade da vida.

O vocábulo processo deriva do Latim *processus, de procedere*, que sugere, no plano judiciário, a ideia de marcha à frente, de caminhar adiante. É, precisamente, em nome desse imperativo de *seguir avante* que se instituiu a figura da *preclusão*, por meio da qual se impede que a parte possa praticar atos relativos a fases processuais ultrapassadas, oclusas, vale dizer, que acarretem um *retrocesso* do curso processual. No terreno judiciário, portanto, o vocábulo processo se opõe a retrocesso, do mesmo modo como evolução e involução traduzem vocábulos de significados antagônicos.

O processo não se confunde com o *procedimento*. Este é o modo de a parte atuar em juízo, segundo a Lei. É o rito que o legislador estabelece para que o interessado possa promover a defesa dos seus direitos no âmbito judiciário. O procedimento é, por assim dizer, o elemento exterior do processo, suas vestes formais, sendo constituído por um encadeamento lógico de atos, em regra preclusivos, que se iniciam pela provocação da atividade jurisdicional pelo interessado (petição inicial) e se desenvolvem, por impulso oficial, em direção ao seu ponto de culminância e de exaustão, que é a sentença de mérito.

Processo e *procedimento* não se referem a objetos diversos, senão que a aspectos distintos de um mesmo objeto. Na verdade, o processo e o procedimento compõem a relação jurídica processual, tendo, o primeiro, um traço substancial, e, o segundo, um traço formal.

A separação dos conceitos de processo e de procedimento não é inútil, nem meramente acadêmica, apresentando, ao contrário, um relevante interesse de ordem prática. Assim afirmamos, porque a Constituição Federal atribui competência exclusiva à União para legislar sobre *processo* (art. 22, I), ao passo que a competência para editar normas sobre *procedimento* não é só da União, mas, também, em caráter concorrente, dos Estados e do Distrito Federal (art. 24, XI).

Classicamente, o processo vem sendo dividido em: a) de conhecimento;

b) de execução; c) cautelar. Essa classificação foi adotada pelo atual CPC. Mais recentemente, a doutrina incluiu nessa classificação d) o processo mandamental.

O procedimento pode ser: 1) comum; 2) especial. O procedimento comum se subdivide em: 1.1.) ordinário; 1.2). sumário ou sumaríssimo.

Autos. O conjunto das peças produzidas pelas partes, pelo magistrado, pelo Ministério Público, pelo perito, pelo contador, por terceiros em geral, assim como as certidões ou certificações lançadas pelo diretor de secretaria, pelo oficial de justiça, recebe a denominação de *autos do processo*. É com fundamento nesses elementos dos autos que o juiz deverá formar a sua convicção jurídica acerca dos fatos da causa, no momento de proferir a sentença. Denomina-se verdade formal a que se constitui nos autos do processo. Em rigor, a verdade formal não se opõe à real – entendida esta como os fatos, tais como ocorreram no mundo sensível. O que se passa é que, em alguns casos, a verdade que se estabelece nos autos não corresponde à real – geralmente, porque a parte não se desincumbiu, com eficiência, do ônus da prova. O ideal é que a verdade formal sempre coincidisse com a verdade real; quando isso não ocorre, há uma certa perda de credibilidade no Poder Judiciário, pela parte vencida. Seja como for, o certo é que, segundo assinalamos há pouco, o juiz está vinculado ao dever legal de decidir com fulcro nos elementos de prova existentes nos autos (CPC, art. 371). Os autos representam, por assim dizer, o microcosmos do juiz, das partes e de todos os sujeitos do processo. Por esse motivo, costuma-se asseverar, na doutrina e na jurisprudência, que aquilo que não está nos autos não existe no mundo (*"quod non est in autos, non est in mundo"*), ressalvada a possibilidade, prevista em lei, de o juiz decidir com espeque em fato notório (CPC, art. 334, I), ou em máximas de experiência (CPC, art. 335). Em suma, não é lícito ao juiz decidir com fulcro em seu conhecimento particular dos fatos da causa.

Ressalvado o caso dos processos eletrônicos, autos do processo têm existência materialmente constatável, pois a podem ser arquivados, manuseados, carregados, retirados em carga, destruídos e o mais. O processo, ao contrário, está jungido à ideia de algo imaterial, impalpável. Por isso, incidem em manifesto equívoco todos aqueles que se referem, por exemplo, a "fazer carga do processo", a "rasurar o processo", etc., gerando, deste modo, grave perturbação de princípios fundamentais das leis da Física.

Ocorrendo o desaparecimento dos autos, em decorrência de extravio, de destruição, etc., proceder-se-á à *restauração*, na forma dos arts. 712 a 718, do CPC.

O art. 202, do CPC – em norma aplicável ao processo do trabalho – proíbe o lançamento, nos autos, de cotas marginais ou interlineares, sob pena de o juiz mandar riscá-las e impor a quem as escreveu multa equivalente a meio salário mínimo vigente na sede do juízo. A vinculação da multa ao salário mínimo, todavia, desrespeita ao art. 7. °, inciso IV, da Constituição Federal, razão por que outro critério deve ser adotado, para esse fim.

|Capítulo II|

RELAÇÃO JURÍDICA PROCESSUAL

Em termos concisos, a relação jurídica pode ser conceituada como a situação de antagonismo entre interesses tutelados pela ordem legal. Considerando que a solução desse conflito traduz a possibilidade de o predomínio ser apenas de um dos interesses, Moacyr Amaral Santos se refere a interesses subordinantes e interesses subordinados ("Primeiras Linhas de Direito Processual Civil", 1º vol., São Paulo: Saraiva, 1978, pág. 5).

Büllow já reconhecia que a relação de direito material é distinta da relação jurídica processual; há no processo, diz o grande jurista, duas relações, que não se confundem, incumbindo ao juiz examiná-las: "O juiz tem de decidir não só sobre a existência do direito controvertido, mas também para conhecê-lo, examinar se concorrem os requisitos de existência do próprio processo; deve verificar, assim, além da questão relativa à relação jurídica litigiosa (*res in iudicio deducta*), também a concernente à relação jurídica processual (*iudicium*). Esse dualismo da matéria processual desde sempre existiu, determinado pela estrutura do procedimento judicial. Ele conduz a uma divisão do processo em duas fases, do qual uma delas é dedicada ao exame da relação jurídica material e outra à verificação dos pressupostos processuais" (*Apud* Ernane Fidélis dos Santos, "Introdução ao Direito Processual Civil", Rio: Forense, 1978, pág. 49).

Em linhas gerais, Büllow entendia que a relação processual se distinguia da relação material sob três aspectos: a) pelos sujeitos; b) pelo objeto; c) pelos pressupostos. A importância do pensamento de Büllow para o desenvolvimento dessa disciplina pode ser avaliada pelo depoimento de James Goldschmidt: "*La teoría de la relación jurídica procesal y de sus presupuestos forma la base de todos los sistemas del proceso, siendo indudable que a partir de Büllow, y no antes, comienza a formarse una Ciencia propia del Derecho Procesal*" ("*Derecho Procesal Civil*", Barcelona: Editorial Labor, 1936, pág. 64).

Sujeitos

Inspirada em Büllow, a doutrina moderna vê no juiz, no autor e no réu, os três principais sujeitos do processo. Bulgaro já afirmava que *iudicium est actum trium personarum: judicis, actoris et rei*. Na verdade, o juiz não é sujeito da relação processual e sim o Estado, a quem ele representa; o juiz não participa do processo como pessoa natural e sim como órgão da jurisdição, nada obstante a sua individualidade possa ensejar a arguição de impedimento ou de suspeição. A incompetência é algo que diz respeito ao juízo e não ao juiz. Não menos exato é que o juiz não se coloca no mesmo plano das partes; ao contrário, posiciona-se entre elas e acima delas, com a preeminência que vem de sua ontológica neutralidade e do poder-dever de solucionar, como órgão estatal, o conflito de interesses em que se acham envolvidos os demais sujeitos do processo (autor e réu).

Questão que ainda não foi pacificada pela doutrina concerne ao estabelecimento da relação jurídica processual. Para Köhler, ela apresenta sentido meramente linear, ou seja, forma-se apenas entre autor e réu. Hellwig defendia a angularidade dessa relação, sustentando que ela interligava, de um lado: a) autor e Estado, e, de outro: b) Estado e réu. Outros, como Büllow e Adolfo Wach, asseveravam que haveria aí uma triangularidade, pela presença de posições jurídicas que atariam: a) autor e Estado; b) Estado e réu; c) réu e autor.

A teoria linear, defendida por Köhler, deve ser rechaçada, pois comete o equívoco insuperável de estabelecer um elo somente entre autor e réu, como se o processo fosse coisa das partes, negando, com isso, a presença do juiz, com sua insubstituível tarefa de dirigir o processo e de solver o conflito de interesses. Nunca é demasiado reiterar que o direito processual pertence ao ramo do Direito Público.

A teoria angular (Hellwig), embora mais próxima da realidade do que a linear, não reconhece a existência de relação jurídica entre autor e réu; para ela, o liame se forma, como vimos, entre autor e Estado e Estado e réu. Essa doutrina fica, por isso, a dever-nos uma explicação suasória diante do fato de alguns sistemas de processo civil, como é o caso do brasileiro, permitirem que autor e réu, mediante comunhão de vontades, obtenham a suspensão do processo (CPC, art. 313, II). Nem se omita a particularidade de estarem ambos subordinados à regra que lhes ordena lealdade recíproca e boa-fé (CPC, art. 77, I). Como negar-se, em face dessas disposições legais, a existência de uma relação também entre autor e réu?

Pensamos, pois, ser a teoria da triangularidade a que melhor se amolda ao atual estádio de desenvolução científica do processo e às próprias disposições dos textos processuais contemporâneos, conquanto saibamos não ser perfeita. Não queremos dizer, contudo, que a triangularidade deverá estar invariavelmente configurada em todos os casos; o que vale é o princípio. Admitamos, *e. g.*, que o juiz indefira a petição inicial, por um dos motivos previstos em lei (CPC, art. 330); nesta hipótese, é evidente que a relação jurídica processual foi apenas linear (autor e Estado). O caráter linear dessa relação não pode ser interpretado como um objetivo desta, senão que um acidente que impediu a constituição da triangularidade. Tanto isto é certo, que se o autor interpuser recurso ordinário (CLT, art. 895, "*a*"; CPC, art. 331) da sentença que, indeferindo a petição inicial, acarretou a extinção do processo sem exame do mérito (CPC, art. 485, I), e o órgão *ad quem* prover o recurso, aberta estará a possibilidade para que a relação atinja os seus três ângulos regulares: a) autor/Estado; b) Estado/réu; e c) réu/autor.

A tríplice angularidade compreende, portanto, três estágios, conforme a seguinte ordem cronológica: a) autor/Estado = linear; b) Estado/réu = angular; c) réu/autor = triangular.

A relação (a) linear está ínsita em todos os casos, ainda que o autor venha a desistir da ação antes mesmo do proferimento do despacho que ordena a citação do réu (em que pese ao fato de esse despacho inexistir no processo do trabalho, como comprova o art. 841, *caput*, da CLT). Assim dizemos porque, segundo nossa opinião, a linearidade surge no instante em que o autor invoca a tutela jurisdicional do Estado-juiz, mediante a entrega da inicial em juízo. O indeferimento dessa peça não pode ser interpretado como fato impeditivo do estabelecimento de relação jurídica entre ele e o Estado; fosse assim, em nome de que relação teria o juiz emitido a sentença de indeferimento da inicial?

A angularidade, em princípio, configura-se com a citação do réu (autor/Estado + Estado/réu), e não com o comparecimento deste a juízo. O processo moderno não exige que o réu venha a juízo e sim que tenha a *oportunidade* para apresentar a resposta que pretender (excepcionar, contestar, reconvir, reconhecer a "procedência" (*sic*) do pedido). Impor-se a vinda do réu ao órgão jurisdicional, como condicionador do estabelecimento da angularidade, seria efetuar-se retrógrada concessão a certas concepções romanísticas. Por isso, não concordamos com o conceito de citação, formulado pelo art. 213, do CPC, segundo o qual "são convocados o réu, o executado ou o interessado para integrar a relação processual". Em rigor, o réu – para cogitarmos apenas dele – não é convocado para defender-se, e sim, para ser comunicado da *existência* da ação, a fim de que adote a atitude que lhe convier, inclusive, a de não se defender (revelia, CPC, art. 344) ou de reconhecer a "procedência do pedido" (CPC, art. 487, III, "*a*").

Torna-se triangular a relação jurídica processual quando, via de regra por mandato legal, ocorre o contato direto das partes entre si, em decorrência das posições jurídicas que aí ostentam. Reconhecemos que na revelia não há essa triangularidade, o que não significa um golpe contra a teoria que a defendia. Trata-se de exceção, de acidente de percurso, que não invalida a regra. Demais, o revel pode intervir no processo, em qualquer fase, recebendo-o no estado em que se encontrar (CPC, art. 346, parágrafo único), tornando possível, a partir daí, a concretização da tríplice angularidade.

a) Objeto

Como foi visto em páginas pretéritas, o Estado, ao tornar proibida a auto--satisfação de interesses individuais (autotutela), e, em consequência, avocar o monopólio da solução de tais conflitos, fez da jurisdição não apenas um seu poder, mas, acima de tudo, um seu dever. Esse poder-dever revela, pois, o sentido de ambivalência da atividade jurisdicional que o Estado realiza.

Cadernos de Processo do Trabalho n. 1– Jurisdição, Ação e Processo

O objeto da relação jurídica que se forma no processo se localiza, exatamente, na prestação jurisdicional que o Estado está obrigado a ministrar, por motivos historicamente relevantes e pela necessidade de promover a estabilidade das relações sociais.

Enquanto a relação jurídica de natureza material (ou substancial) tem como núcleo um bem ou uma utilidade da vida, a relação processual faz da tutela jurisdicional o seu objeto medular. Não nos parece afinada com a melhor opinião doutrinária vogante na atualidade a afirmativa, feita por alguns autores, de que a relação processual é secundária, uma vez que constituiria simples instrumento a serviço da defesa do direito material alegado em juízo. Ora, nos tempos modernos já não sobrevivem dúvidas quanto a ser a ação um direito público subjetivo, que, para ser exercitado, independe da existência do direito substancial acaso brandido pelo autor (ou pelo réu). Devemos a Wach, a Dagenkolb e a Plosz, dentre outros, essa concepção científica da ação como um direito abstrato. Wach, por seu turno, combateu a equivocada teoria civilista da ação (Savigny) com o fulminante argumento da ação declaratória negativa, pela qual se busca obter um provimento jurisdicional declarativo, precisamente, da *inexistência* de relação jurídica material.

Em circunstâncias regulares, a relação jurídica vertente no processo se dirige à obtenção de uma sentença de mérito, que satisfaça a pretensão *in iudicio deducta* pelo autor; em virtude de certos fatores acidentais, contudo, essa relação pode findar-se sem pronunciamento acerca do mérito, como se dá, *e. g.*, nos casos indicados pelo art. 485, do CPC.

b) Características da relação processual

Toda obra humana traz aquela marca idiossincrásica que é singular à raça; por isso, tudo pode resumir-se a um ponto de vista e por aí explicar-se o fenômeno da heterogeneidade das manifestações do gênio humano. Estas considerações são necessárias para justificar a classificação dos elementos característicos da relação jurídica processual, que tem a preferência da doutrina, conquanto não esteja isenta de críticas; ei-la:

Complexidade. No universo jurídico, há relações que se peculiarizam pela assunção de uma única posição jurídica, pelo autor e pelo réu: são as relações *simples*; há, ainda, as relações que compreendem um conjunto, uma variedade de posições jurídicas ativas e passivas: são as relações *complexas*.

Em geral, a relação que se estabelece no plano do processo é do tipo complexo, pois apresenta aquela multiplicidade de posições jurídicas a que há pouco nos referimos. Essa é a razão de a complexidade ser apontada como uma de suas características.

Dinamismo. Afastada a acepção filosófica que este substantivo possa sugerir, com ele se tenta traduzir o moto-contínuo com que se desenvolve a relação jurídica processual, em decorrência de sua própria complexidade. Antes de prosseguirmos, convém lembrar que na esfera das relações jurídicas ditas simples o advento de apenas um fato é bastante para extingui-la, como acontece, p. ex., com o pagamento no contrato de mútuo. No âmbito das complexas, entretanto, originam-se e acumulam-se diversas posições jurídicas ativas e passivas que sofrem constantes mutações evolutivas (em direção à sentença de fundo, que comporá a lide); extrai-se dessa particularidade o caráter de dinamismo das relações complexas.

Unidade. Acabamos de afirmar que as posições jurídicas adotadas pelas partes, no processo, não representam um fim em si mesmas; ao contrário, vão desaguar na sentença de mérito, sua foz natural, seu polo de atração magnética. Os atos, que no processo se praticam, não são, por isso, centrífugos, dispersivos, e sim aglutináveis e progressivos, vinculados entre si por uma unidade teleológica: o provimento jurisdicional de fundo. A petição inicial figura não só como o instrumento formal de provocação do poder-dever jurisdicional do Estado, mas o primeiro ato da série preordenada (e, quase sempre, preclusiva) que se fechará com a sentença. É apropriado, em razão disso, falar-se de uma unidade como característica dessa relação jurídica, que surge e se multiplica no curso processual. Unidade e não unicidade.

Triplicidade. Vimos, no início deste Capítulo, que a relação processual se constitui subjetivamente sob três ângulos: a) autor/Estado; b) Estado/réu; c) réu/ autor, segundo essa ordem cronológica. Essa tríplice angularidade agora se apresenta como uma das singularidades da relação processual, porquanto une os seus três sujeitos entre si: autor, Estado e réu. O fato de, ocasionalmente, o réu ser revel, não implica negar essa triplicidade. Forçoso é reconhecer, entretanto, que, em situações excepcionais, essa triangularidade da relação processual pode ceder lugar a uma angularidade simples, como ocorre, por exemplo, na ação de mandado de segurança, em que há a relação se constitui, apenas, entre o impetrante e a autoridade apontada como coatora. Mesmo que se entenda deva existir, em certos casos, litisconsórcio necessário, isso não significa que se terá aí uma triangularidade, pois o litisconsorte passivo se coloca, ainda que de modo algo heterotópico e surrealista, no mesmo polo em que se localiza a autoridade apontada como coatora – embora, mais recentemente, doutrina e jurisprudência estejam a entender que o adversário do impetrante, no processo em que praticou o ato impugnado, deva ser citado na qualidade de litisconsorte necessário.

c) Natureza pública

Já afirmamos que o processo moderno não é, como o de outrora, coisa das partes. É método ou técnica de que se utiliza o Estado para a solução dos conflitos intersubjetivos de interesses, protegidos pela ordem jurídica. Vem daí o fato de a relação jurídica processual pertencer ao ramo do Direito Público, mesmo que a relação material posta em juízo seja de direito privado. Não é a natureza desta que imprime a natureza jurídica daquela. Sob esse aspecto, é lícito sustentar a autonomia da relação jurídica que se forma no processo. O traço da natureza pública do processo está consubstanciado na preeminência do Estado-juiz, em face dos demais sujeitos que participam dessa relação.

|Capítulo III|

Natureza Jurídica do Processo

Na sequência dos séculos, inúmeras teorias foram elaboradas com a finalidade de definir (e justificar) a natureza jurídica do processo; podemos indicar, como as mais expressivas, as que identificavam o processo como: 1) um contrato; 2) um quase-contrato; 3) uma relação jurídica; 4) uma situação jurídica.

1) A teoria do processo como *contrato* foi amplamente difundida nos séculos XVIII e XIX, máxime em França, embora ela fosse, na verdade, produto da concepção romanística do processo, que era visto como um contrato por força do qual os litigantes se obrigavam, em presença do pretor, a acatar a decisão que fosse proferida pelo árbitro. Os romanos tinham, pois, uma visão essencialmente *privatista* do processo. A esse contrato firmado pelas partes denominavam *litis contestatio*.

A razão de essa doutrina de raízes romanas haver-se propagado na França parece ser de foro sócio-político, pois aí se encontrava acesa a ideia de *Rousseau*, lançada em seu "Contrato Social", de que os cidadãos, ao se sujeitarem às condições por eles mesmo avençadas, não estavam obrigados a obedecer a quem quer que fosse se não que apenas à própria vontade concertada. Daí, o processo ser concebido, pela doutrina francesa do período, como um contrato, no qual não se permitia qualquer interveniência do Estado.

2) Atribui-se a *Arnault Guényvau*, jurista francês que viveu no século XIX, a elaboração da teoria do processo como *quase-contrato*.

Segundo ele, se o processo não poderia ser considerado um contrato, um negócio jurídico bilateral de direito privado, nem se tratava de um delito, só poderia ser, por exclusão daquelas categorias, um *quase-contrato*.

3) A teoria do processo como *relação jurídica* já se encontrava embrionariamente localizada em certos textos antigos do direito comumitaliano, na qual se afirmava que o processo era integrado por três sujeitos: juiz, autor e réu (*iudicium est actum trium personarum: iudicis, actoris et rei*).

A teoria em tela, entretanto, adquire maturidade científica em livro publicado por *Bülow*, no ano de 1868, sob o título de "Teoria das Exceções Dilatórias e dos Pressupostos Processuais". *Bülow* — esclareça-se — não criou a teoria do processo como uma relação jurídica entre o juiz, o autor e o réu, tendo, sim, com notável talento, sistematizado cientificamente essa relação triangular, chegando mesmo a demonstrar que essa relação se estabelece em dois níveis: *material,* representado pela *res in iudicio deducta,* e *processual,* esta como continente de que aquela é conteúdo.

Bülow também sustentou que a relação jurídica processual é distinta da material: *a)* pelos seus sujeitos (autor, réu e juiz); *b)* pelo seu objeto (a prestação jurisdicional); *c)* pelos seus pressupostos (os pressupostos processuais).

4) Discordando da doutrina de *Bülow, Goldschmidt* edificou a teoria do processo como *situação jurídica.*

Goldschmidt comparou o processo à guerra, em que o vencedor usufrui de situações vantajosas em decorrência exclusivamente da vitória obtida, não se indagando se ele possuía, ou não, um direito anterior. Sublinha, em razão disso, que quando o direito assume uma atitude dinâmica, por intermédio do processo, verifica-se uma transformação estrutural, de tal maneira que o que era tido, de um ângulo estático, como um direito subjetivo, converte-se agora em simples *possibilidades* (voltadas à realização de atos necessários ao reconhecimento do direito), *expectativas* (tendentes ao reconhecimento desse direito), *perspectiva* (de conseguir uma sentença favorável) e ônus (de praticar determinados atos, em nome do próprio interesse, com a finalidade de evitar uma sentença desfavorável). O renomado jurista utilizava, enfim, o termo *chances* para enfeixar todas essas possibilidades, expectativas, perspectivas e encargos.

Apreciação Crítica dessas Teorias

1) Nos tempos modernos, já não há lugar para a doutrina do processo como um *contrato.* Com efeito, ao tornar proibida a autotutela de interesses, e assumir o monopólio da administração da justiça, o Estado não apenas erigiu a ação como um direito subjetivo público como também instituiu o processo como método ou instrumento para a solução desses conflitos interindividuais.

Eis a razão por que o direito processual pertence ao ramo do Direito Público e a relação jurídica que se estabelece no processo é ordem pública.

O interesse que há no processo é, portanto, preponderantemente do Estado-juiz. A margem da disponibilidade processual das partes é extremamente diminuta. A figura romana da *litis contestatio* pertence, por isso, ao passado. Hoje, a atuação do juiz, das partes, dos terceiros, do Ministérios Público e dos demais sujeitos do processo fica subordinada a regras procedimentais de acentuada rigidez.

O processo contemporâneo não é, portanto, um contrato, nem "coisa das partes" (*sache der parteien*); à sua concepção privatista, do passado, sucedeu a concepção publicista dos dias atuais.

Sujeitam-se as partes ao processo, consequentemente, não em virtude de uma sua vontade espontânea, mas, ao contrário, em decorrência de uma imposição oriunda da autoridade estatal.

2) A teoria do processo como *quase-contrato*, por sua vez, não resiste a uma análise jurídica; o seu equívoco fundamental consiste em supor que o processo deve necessariamente ser submetido a certas categorias típicas do direito privado, para efeito de estabelecer a sua natureza jurídica.

O erro, como se vê, contamina a base dessa teoria. Pertencendo o processo ao tronco do Direito Público, salta aos olhos a inadequação de apreciá-lo sob a óptica de institutos de direito privado.

3) Dissemos que *Goldschmidt* opôs-se, com veemência, à teoria do processo como relação jurídica, elaborada por *Bülow*; convém, diante disso, reproduzirmos alguns excertos do pensamento crítico do Prof. *James Goldschmidt*: "Muito menos ao processo civil romano se adapta a teoria de *Bülow* ao processo civil moderno. Este desconhece a distinção entre procedimento *in iure* e *in iudicio*, e nem sequer a de sumário e juízo oral, como o processo penal (...) com respeito a seus pressupostos, o conceito da relação jurídica processual não tem nenhuma transcendência. Tampouco com respeito ao seu conteúdo. Claro está que incumbe ao juiz a obrigação de conhecer a demanda; porém, para fundamentar essa obrigação não se precisa de uma relação processual. Tal obrigação se baseia no Direito Público, que impõe ao Estado o dever de administrar justiça mediante o juiz, cujo cargo, por sua vez, impõe-lhe, ao mesmo tempo, obrigações frente ao Estado e ao cidadão. Não se pode dizer que essas obrigações não tenham correlação com nenhum direito subjetivo. Ao contrário, o critério do Estado de direito é que essa correlação existe. A infração dessas obrigações, porém, a lesão desses direitos, particularmente a denegação de justiça (...) é de mera índole pública criminal ou civil e não processual (...). Tampouco incumbem às partes obrigações processuais. É verdade que no Direito romano, e até as `postrimerias' da Idade Média, o demandado tinha a obrigação de cooperar com a *litis contestatio*, ou seja, de manifestar a sua boa vontade de iniciar a fase do procedimento que tornava possível uma sentença sobre o fundo. Semelhante vontade se manifestou nos tempos mais avançados simplesmente pela contestação à demanda. Porém tampouco esta obrigação do demandado nasce de uma relação jurídica processual, senão da relação geral que liga o cidadão com o Estado. A sujeição do cidadão ao poder estatal é natural e até ilimitada, embora regule o *imperium*, é dizer, na esfera meramente pública, porém com respeito aos conflitos entre particulares, o indivíduo estava inicialmente livre e se regia pelo princípio da `autotutela' (...). No processo moderno não existe uma obrigação do demandado de submeter-se à jurisdição estatal, senão que um estado de sujeição à mesma. Por isso, o não comparecimento do demandado não implica outra sanção que a continuidade do feito sem sua presença, isto é, o juízo em revelia (...). A `obrigação' do demandado de cooperar com a *litis contestatio* foi substituída pela `carga' de comparecer e contestar a demanda, que é imposta ao demandado em seu próprio interesse (...). Em favor da teoria que sustenta ser o processo uma relação jurídica, utilizou-se o argumento de que o mesmo implica uma cooperação de vontades encaminhadas ao mesmo fim, a saber, à sentença, e que a sentença tem

a força vinculatória que falta no princípio do processo. É certo que a sentença, e mais precisamente o seu efeito, a 'coisa julgada' é o fim do processo; é igualmente certo que, de acordo com algumas teorias, a sentença tem a eficácia de um negócio jurídico material, ou seja, a de alterar as relações jurídicas materiais. Porém, mesmo quando essas teorias tivessem fundamento, a rigor caberia atribuir aos atos processuais a qualidade de negócios jurídicos, mas não a de uma relação jurídica. O fato jurídico que produz uma relação jurídica não é, só por essa circunstância, uma relação jurídica sequer latente (...) é evidente que a peculiaridade jurídica do fim do processo determina a natureza do efeito de cada ato processual. Porém nem um nem outro constituem uma relação jurídica, e o objeto comum a que se referem todos os atos processuais, desde a demanda até a sentença, e que na realidade constituem a unidade do processo, é seu objeto, por regular o direito subjetivo material que o autor faz valer" ("Teoria General del Proceso", Barcelona: Labor, 1936, págs. 18/23).

A despeito dos judiciosos argumentos utilizados por *Goldschmidt*, cremos que a razão esteja com *Bülow;* tal é, a propósito, a opinião doutrinária preponderante na atualidade. De qualquer forma, a coisa julgada é *qualidade* da sentença e não seu *efeito*, como imaginou *Goldschmidt*.

O caminho para compreensão da doutrina de *Von Bülow* se inicia com o exame do conceito de "relação jurídica". Essa expressão revela o liame que vincula duas ou mais pessoas, e em decorrência do qual a elas são outorgados poderes, direitos, faculdades e os correspondentes deveres, obrigações e sujeições, de par com certos ônus ou encargos.

É inegável que no plano processual os litigantes e o Estado se encontram interligados por significativa quantidade de laços jurídicos; titulares de situações jurídicas que são, praticam, por deferência ou imposição legal, determinados atos procedimentais, que têm como ponto de atração magnética a sentença.

Por intermédio da relação jurídica que se estabelece entre os diversos sujeitos do processo é que o direito disciplina não apenas o conflito de interesse submetido à cognição jurisdicional, mas também a colaboração que as partes devem manter, reciprocamente, tendo em mira o atingimento de objetivos que lhes são comuns.

Correta, por isso, a afirmação doutrinária de que a relação jurídica processual, encarada em seu conjunto, apresenta-se integrada por diversas posições jurídicas ativas e passivas de cada um dos sujeitos do processo: poderes, faculdades, deveres, sujeições, ônus.

Processo e relação processual, contudo, não se confundem; esta, como antes assinalamos, deriva do abrangente sistema de interligações a que estão submetidos os sujeitos; já o processo se identifica como entidade profundamente complexa, de que participa a própria relação jurídica processual; esta seria, por assim dizer, um dos conteúdos daquele.

4) O processo como *situação jurídica* foi concebido por *Goldschmidt*, que se opusera à teoria de *Bülow*.

O pensamento de *Goldschmidt*, embora tivesse prestado bons serviços à obra de desenvolvimento científico do direito processual, não foi aceito, em sua essência pela doutrina, sob o argumento de que: *a)* ele se baseou em situações excepcionais, alteando à categoria de regra certas deformações do processo; *b)* no processo não há apenas uma situação, mas um conjunto de situações; *c)* é justamente esse complexo de situações que dá origem à relação jurídica.

Acrescentou-se ainda que aquele estado de incerteza representado pelas perspectivas, expectativas, possibilidades, ônus, concerne à pretensão levada a exame do órgão jurisdicional e não ao *iudicium* em si; o que se cuida de verificar, pois, é se existe, ou não, o direito subjetivo material e não o processo.

Conquanto — conforme dissemos ao inaugurarmos esse Capítulo — sejam essas as principais teorias respeitantes à natureza jurídica do processo, outras existiram, como a do processo-instituição (*Jaime Guasp*); da entidade complexa (*Foschini*); a ontológica (*João Mendes Júnior*) e da exigência de proteção jurídica (*Wach*). Dentre elas, vale destacar a última.

Ao estabelecer o processo como exigência de proteção jurídica (*Rechtsschut-zanspruch*), *Adolfo Wach* reconheceu nessa proteção o direito subjetivo público processual da parte, que seria, segundo o direito material, exercido diante do Estado, de quem se solicitava proteção jurídica mediante a emissão de sentença favorável; ao demandado restava sofrer as consequências do ato protetivo emanado do poder estatal.

Entendia *Wach*, em síntese, que o processo constituía o meio adequado para realizar a exigência de proteção jurídica.

Essa doutrina foi duramente rechaçada por *Bülow* e Köhler, objetando o primeiro que não se pode exigir uma sentença favorável antes e fora do processo, pois apenas ao final deste é que se pode verificar se o demandante tem direito a uma sentença favorável. Defendendo-se, *Wach* alegou que *Bülow* confundia a "existência" e a "evidência" de um direito, acrescentando que a exigência de proteção jurídica existe antes mesmo do processo, embora não se evidencie antes do fim deste·

Incorporando-se às críticas dirigidas à doutrina de *Wach, James Goldschmidt* sustentou, em dois trabalhos aparecidos em 1905 e 1914 ("Direito Justicial Laboral" – Materielles Justizrecht – e "Duas Contribuições ao Direito Justicial Civil Material – Zwei Beiträge zum Materiellen Ziviljustizrecht"), que o conceito de exigência de proteção jurídica não é de índole processual, ainda que seja pública. Esse conceito pertence ao âmbito do direito justicial material. *"Este no es otra cosa sino el Derecho Privado considerado y completado desde un punto de vista jurídico público. Detrás de cada precepto del Derecho Privado se*

encuentra su proyección en el Derecho Justicial material. Detrás de casi todos los dere-
chos subjetivos privados se encuentram las acciones correspondientes" (obra cit., pág.
26). Nada obstante, o ilustre jurista admita que, em caráter excepcional, existem
direitos sem ação e ação sem direitos.

Para *Goldschmidt*, o inconveniente da teoria desenvolvida por *Wach* consistia apenas em haver afirmado a natureza processual da exigência de proteção jurídica, pois tal exigência é um direito não menos material do que o direito protegido por ela, que foi a antiga ação, concluindo que quem desejar negar a existência de direito fora dos casos em que o juiz não o tenha reconhecido, teria que refutar a existência de direitos materiais em geral, uma vez que confundiria a "existência" e a "evidência" de um direito (obra cit., pág. 30).

|Capítulo IV|

PRESSUPOSTOS PROCESSUAIS

Com o vocábulo *pressupostos* a doutrina costuma designar os requisitos indispensáveis à validade da relação jurídica processual.

Não há uniformidade doutrinária quanto à classificação desses pressupostos, cuja diversidade é produto da compreensível idiossincrasia do espírito humano.

A classificação, que a seguir apresentaremos, tem sido a mais adotada:

1. Pressupostos de *existência* do processo:

a) jurisdição;

b) partes;

c) ação (citação): inexistência ou nulidade (CPC, art. 337, I).

2. Pressupostos de *validade* do processo:

a) inexistência de incompetência absoluta (CPC, art. 337, II);

b) não ser inepta a inicial (CPC, art. 330, I);

c) inexistência de perempção (CPC, art. 337, V);

d) inexistência de litispendência (CPC, art. 337, VI);

e) inexistência de coisa julgada (CPC, art. 337, VII);

f) inexistência de conexão (CPC, art. 337, VIII);

g) inexistência de incapacidade de parte, defeito de representação ou falta de autorização (CPC, art. 337, IX);

h) inexistência de convenção de arbitragem (CPC, art. 337, X);

i) inexistência de ilegitimidade ou desinteresse processual (CPC, art. 337, XI);

j) falta de caução ou de outra prestação que a lei exija como preliminar (CPC, art. 337, XII);

Cadernos de Processo do Trabalho n. 1– Jurisdição, Ação e Processo

k) indevida concessão do benefício de gratuidade de justiça.

Como se nota, os pressupostos de validade do processo são, em parte, de índole negativa, como a litispendência, a coisa julgada, a perempção.

Em livro de nossa autoria ("A Sentença no Processo do Trabalho", 3. ed., LTr Editora, São Paulo, 2004, pág. 138), elaboramos outra classificação dos pressupostos processuais, baseando-nos em critério distinto do anterior. Ei-los:

3. Pressupostos de *constituição*, compreendendo:

a) subjetivos (partes e juiz);

b) objetivo (ação);

4. Pressupostos de *desenvolvimento*, abarcando:

a) quanto às partes: capacidade de ser parte; capacidade de estar em juízo; capacidade postulatória;

b) quanto ao juiz: jurisdição; competência; imparcialidade;

c) quanto ao procedimento: inicial apta; citação válida; inexistência de perempção; de litispendência; de coisa julgada; de conexão. Esta classificação não deita por terra a anterior. Serve para demonstrar que poderão existir tantas classificações quantos forem os critérios que se venha a perfilhar.

A propósito, adotando outro ângulo óptico, determinado segmento da inteligência doutrinal tem reconhecido a presença de duas classes de pressupostos processuais:

a) objetivos; e

b) subjetivos.

a) Os *objetivos* se desdobram em:

a.a) elementos intrínsecos: regularidade do procedimento, citação regular;

a.b) elementos extrínsecos: ausência de impedimentos (coisa julgada, litispendência, compromisso arbitral).

b) Os *subjetivos* concernem:

b.a) ao juiz: investidura, competência, imparcialidade;

b.b) às partes: capacidade de ser parte, de estar em juízo e postulatória.

Não é nosso propósito, neste livro, ingressar no exame do acerto ou do desacerto dos critérios utilizados pela doutrina para empreender a classificação dos pressupostos processuais. Apesar disso, desejamos, ainda que *en passant*, efetuar um pequeno retoque nesta última, porquanto inclui a incompetência como elemento subjetivo, ligando-a à pessoa do juiz, quando se sabe que a falta de competência é sempre do juízo.

Se fôssemos nos deixar guiar pelo espírito de concisão, bem poderíamos pensar em distribuir esses pressupostos em três classes:

a) regular exercício do direito de ação;

b) competência do órgão jurisdicional;

c) investidura do juiz.

As classificações minuciosas, a despeito de poderem ser censuradas em nome de um capricho que pouco atende ao rigor científico, se justificam, amplamente, em razão de seu escopo didático, pois individualizam e revelam todos os elementos de que se valeu o jurista.

5. Pressupostos específicos do processo de dissídio coletivo

Até esta parte, viemos discorrendo acerca dos pressupostos processuais respeitantes às ações individuais. A eles se submetem, igualmente, as ações coletivas, essa notável peculiaridade do processo do trabalho, a que a lei, a doutrina e a jurisprudência, unívocas, denominam, mais por apego à tradição do que à ciência, de dissídios coletivos.

Se *dissídio* significa o conflito de interesses, parece-nos elementar que ele preexiste ao ingresso em juízo (sendo, aliás, a causa da invocação, pelo autor, da prestação da tutela jurisdicional), vale dizer, não nasce com o ajuizamento da petição inicial, senão que é antecedente a este ato: vai-se a juízo porque há um antagonismo de interesses não eliminado espontaneamente pelas pessoas que neles se encontram envolvidas, e não para que o conflito (dissídio) se instaure. Em resumo, o conflito é o motivo do ingresso em juízo e não consequência deste. O dissídio, em resumo, é um fato pré-processual.

Logo, ação coletiva e não, *data venia*, dissídio coletivo, quando se quiser designar o exercício desse *sui generis* direito de impetrar-se a tutela da jurisdição ou referir-se aos pressupostos que lhe são específicos.

É, justamente, desses pressupostos que nos ocuparemos em seguida.

a) Negociação

Ocorrendo um conflito de interesses coletivos (expressão que nos parece mais apropriada do que conflito coletivo de interesses), exige a Constituição

Federal (art. 114, § 2º) que os interessados (no geral, as categorias profissional e econômica), antes de ingressar em juízo, negociem, ou seja, tentem uma solução consensual desse litígio.

A referência que o texto constitucional faz ao ajuizamento "do dissídio coletivo" é de ofuscante impropriedade técnica, pois, conforme argumentamos em linhas precedentes, o que se ajuíza, em rigor, é a ação coletiva, da qual o dissídio coletivo é a íntima substância.

De qualquer modo, o que deve ser ressaltado é o fato de a Constituição Federal impor, por motivos de natureza social e política, a negociação como condição para o ingresso em juízo da ação coletiva. Isso significa, por outros termos, que a negociação figura como pressuposto objetivo específico para a constituição regular da relação jurídica processual, em sede de demanda coletiva.

Notando, por isso, o tribunal que não houve a negociação exigida pela Constituição, não deverá converter o julgamento em diligência, para que a falta seja suprida, e sim declarar extinto o processo por ausência de um pressuposto absolutamente indispensável para a sua constituição regular (CPC, art. 485, IV).

A solução, que ora preconizamos, ainda que drástica, é a única possível, pois, como dissemos, trata-se de pressuposto fundamental para a validade do processo. Mais do que isso, uma exigência constitucional, que visa, exatamente, a evitar que a prestação da tutela jurisdicional seja invocada sem que as categorias envolvidas no conflito tenham tentado, antes disso, negociar, ou seja, realizar uma autocomposição. Essa negociação é indispensável, em face do caráter coletivo dos interesses em antagonismo.

b) Inexistência de compromisso arbitral

Frustrada a negociação coletiva — declara o § 1º do art. 114 da Constituição Federal —, as partes poderão eleger árbitros.

A arbitragem constitui, assim, uma das formas de solução extrajudicial dos conflitos de interesses coletivos trabalhistas. Ela não é obrigatória, mas facultativa, como permite concluir o verbo *poder*, utilizado na redação da norma constitucional mencionada.

Provavelmente por esse motivo, a arbitragem, em nosso país, tem sido muito pouco utilizada. Falta, entre nós, o hábito, a tradição do uso desse meio. Some-se a isso o fato de as partes preferirem ver os seus conflitos de interesses dirimidos pela Justiça do Trabalho — na qual confiam, a despeito de, vez e outra, dirigirem a ela certas críticas — e a velada desconfiança com relação às pessoas que seriam indicadas como árbitros, levando-se em conta a acentuada carga ideológica de que se faz provida, muitas vezes, essa espécie de conflito.

Uma vez adotada pelas partes, a arbitragem terá o seu procedimento regulado pela Lei n. 9.307, de 23-9-1996, pois o art. 507-A, da CLT, somente é aplicável à arbitragem nos dissídios *individuais*.

O essencial, a ser dito, é que, havendo sido adotado o método da arbitragem, as partes não poderão ingressar em juízo para tentar solucionar um conflito que é objeto dessa arbitragem. Esta, como a negociação, colima, precisamente, evitar que a prestação da tutela jurisdicional seja invocada. Se uma das partes, nada obstante, ingressar com a ação coletiva, deverá a adversa, em sua resposta, opor a existência de compromisso arbitral (CPC, art. 337, X), e requerer a extinção do processo sem julgamento do mérito (CPC, art. 485, VII). Em suma, a aceitação da arbitragem implica renúncia à tutela jurisdicional.

O juiz não poderá, contudo, conhecer de ofício dessa matéria, segundo a regra estampada no § 3º da antedita sobredita norma do estatuto processual civil.

Fique claro, de qualquer forma, que o juízo arbitral representa um pressuposto negativo para a validade ou o desenvolvimento da relação jurídica processual, em sede de ação coletiva.

c) Inexistência de instrumento normativo em vigor

Havendo instrumento normativo em vigor (acordo ou convenção coletiva ou acórdão normativo), não se admite, em princípio, o ajuizamento de ação coletiva, com o que se evita a proliferação de lides coletivas. Afinal, se as relações trabalhistas se encontram reguladas por instrumento normativo ainda em vigor, não se justifica o ingresso em juízo, com a finalidade de obter, em última análise, modificação dessas regras.

Tem-se aberto uma exceção a esse princípio nos casos em que haja ocorrido, comprovadamente, profundas alterações na situação de fato e de direito, com base na qual o instrumento normativo foi produzido. Essa atitude é, antes de mais nada, sensata, pois é sabido que as disposições típicas desses instrumentos se acham intimamente vinculadas à cláusula *rebus sic stantibus*, conforme a qual todo tratado, pacto ou acordo deve ser compreendido (e executado) enquanto perdurar o mesmo estado das coisas existentes ao tempo de sua celebração (*conventio omnis intelligitur rebus sic stantibus*). Essa possibilidade de revisão está prevista no art. 873 da CLT, embora, aqui, seja exigido o decurso de mais de um ano da vigência do pertinente instrumento normativo.

O momento é oportuno para deixarmos esclarecido que, ao contrário do que tem imaginado certo segmento da doutrina e da própria jurisprudência, os acórdãos normativos, derivantes do exercício de um poder *sui generis* que a Constituição da República comete aos Tribunais do Trabalho (art. 114, § 2º), transitam em julgado. Não fosse assim, como se poderia exigir o cumprimento de suas cláusulas? O aludido segmento, de que divergimos, parece não se haver dado conta de que, peculiarmente, os acórdãos dessa natureza passam em julgado com a cláusula *rebus sic stantibus*, tal como acontece, por exemplo, com as sentenças proferidas nas ações de alimentos (Lei n. 5.478, de 25-7-68), que poderão ser revistas a qualquer tempo, desde que haja modificação na situação financeira das partes. É bem verdade que a referida lei declara que a sentença não se submete ao fenômeno da coisa julgada material; submete-se, sim, conquanto o faça vinculado à cláusula *rebus sic stantibus*.

Deixando de lado essa questão, cumpre-nos reafirmar o fato de a existência de instrumento normativo em vigor traduzir um pressuposto negativo para a validade da relação jurídica atinente ao processo de ação coletiva, que vier a ser posta em juízo — salvo se autorizada pela substancial modificação da situação, factual ou de direito, em que se tenha calcado esse instrumento regulador das relações entre as categorias sociais da produção.

d) Comum acordo (*sic*)

Anteriormente à Emenda Constitucional n. 45/2004, os pressupostos concernentes ao processo de "dissídios coletivos" eram restritos aos mencionados nas letras "*a*" a "*c*'", retro. Com o advento da precitada Emenda, passou-se a exigir que o exercício desta ação coletiva seja objeto de "comum acordo" entre as partes. Para além de ser pleonástica, a expressão aspada transgride o direito de ação, que é assegurado pelo art. 5º, inciso XXXV, da Constituição Federal. Ademais, é ilógico: se a negociação pertinente às novas condições de trabalho não obteve êxito, gerando, com isso, um conflito de interesses, é desarrazoado impor que os litigantes realizem um acordo para efeito de submeter o conflito à apreciação da Justiça do Trabalho. Em síntese, para nós, a exigência de "comum acordo" é inconstitucional, podendo, inclusive, ser alegada na petição inicial da ação de "dissídio coletivo", pela parte que o ajuizar.

|Capítulo V|

CLASSIFICAÇÃO DOS PROCESSOS

A doutrina, colocando em realce a natureza do provimento jurisdicional, a que o exercício do direito de ação geralmente conduz, reconhece a existência de três classes de processo: a) de conhecimento; b) de execução; e c) cautelar. O atual CPC de 1973, prestigiando essa classificação doutrinária, dedicara um Livro a cada uma dessas espécies processuais.A CLT, menos sistemática, trata dos processos de conhecimento e execução em Título comum (X), conquanto em Capítulos distintos (I e V, respectivamente). Desconhece a CLT o *processo cautelar*, pois o que está nos incisos IX e X do art. 659 desse texto são *medidas cautelares* incrustradas no processo de conhecimento.

a) Processo de conhecimento

No processo cognitivo, provoca-se o exercício da função jurisdicional do Estado para que este diga, com a autoridade que lhe é inerente e o caráter neutral que lhe impõe a lei (CPC, art. 139, I), mediante sentença de mérito, com qual dos litigantes está o direito disputado. Podemos sustentar, portanto, que o objeto desse processo é um provimento que aprecie o mérito da ação, embora a própria norma processual preveja alguns casos em que, excepcionalmente, o processo se extinguirá sem julgamento das questões de fundo (CPC, art. 485, I a X).

É oportuno rememorar que a *cognição* traduz a relação que se estabelece entre o juiz (ser cognoscente) e os fatos da causa (objeto cognoscível). Sob esse aspecto, fica evidente a existência de cognição também nos processos cautelar e de execução. O que se passa é que nos dois últimos processos referidos a "carga" cognitiva é algo rarefeita, quase imperceptível, ao passo que no de conhecimento ela é intensa, chegando, por isso mesmo, a dar nome ao próprio processo em questão.

Adotando como critério a natureza da resolução judicial que se pede ou que é emitida, a doutrina estabeleceu uma subclassificação do processo de conhecimento em: 1) declaratório; 2) condenatório; e 3) constitutivo. No primeiro, o provimento jurisdicional limita-se a declarar a existência ou a inexistência de relação jurídica, a autenticidade ou falsidade de documento (CPC, art. 4º); no segundo, ao lado da declaração, que lhe é implícita, coloca-se determinada sanção (condenação) ao réu; no terceiro, em que também se faz ínsita a

Cadernos de Processo do Trabalho n. 1– Jurisdição, Ação e Processo **105**

declaratividade, opera-se a modificação da relação ou da situação jurídica material intersubjetiva, havida ou ainda existente.

1) A sentença declaratória será *positiva* ou *negativa*, segundo reconheça a existência ou a inexistência da relação jurídica; cumpre observar, contudo, que serão sempre declaratórias as sentenças que rejeitarem os pedidos formulados pelo autor (declaratórias-negativas), nada obstante este pretendesse obter um provimento *condenatório* do réu. Em outras hipóteses, como na de ação declaratória puramente negativa, a rejeição assume caráter de conteúdo declaratório-positivo.

No processo do trabalho são sentenças declaratórias-positivas as que reconhecem — e negativas as que rejeitam — a relação de emprego entre as partes, pressupondo-se que o autor havia ingressado em juízo para pedir, apenas, um provimento declaratório. Caso ele postulasse, além disso, o reconhecimento de estabilidade no emprego e a condenação do réu ao pagamento de certas parcelas indicadas na peça inaugural, e o órgão judicante viesse a acatar as suas pretensões, resulta evidente que a sentença seria declaratória, constitutiva e condenatória: *declaratória*, na parte em que afirmou a presença dos elementos constitutivos da relação de emprego; *constitutiva*, na parte em que reconheceu a estabilidade no emprego; *condenatória*, na que impôs ao réu o pagamento das quantias pleiteadas na inicial. Cientificamente, entretanto, poder-se-ia advogar que a sentença, na espécie em exame, seria condenatória, porquanto ao formular a regra sancionatória traria em si, implícita e logicamente identificável, a declaração de reconhecimento da existência da relação de emprego.

2) As sentenças meramente declaratórias não são exequíveis, valendo como simples preceito. Esse esclarecimento vinha estampado no art. 290, *caput*, do CPC de 1939, que arrematava: "mas a execução do que houver sido declarado somente poderá promover-se em virtude de sentença condenatória". O silêncio do diploma processual civil de 1973, assim como o de 2015, não pode ser interpretado como um abandono formal àquele preceito e sim como ocasional inadvertência do legislador, ou mesmo uma sua pressuposição de que estava na essência dos provimentos puramente declaratórios ser infensa a possibilidade de serem executáveis. Segue-se que, se a parte quiser exigir da adversa o cumprimento da obrigação correspondente ao direito que lhe foi reconhecido por sentença dessa natureza (declaratória), deverá ajuizar outra ação, em que visará à consecução do pertinente decreto condenatório.

Os efeitos das sentenças declaratórias, regra geral, são retroativos (*ex tunc*), vale dizer, voltam-se no tempo para apanhar a situação de fato ou de direito no nascedouro, salvo se nisto forem obstados pela prescrição extintiva bienal (CLT, art. 11), ou quinquenal (CF, art. 7º, XXIX).

As sentenças condenatórias afirmam a existência do direito, reconhecem a sua violação e, em consequência, dirigem ao réu um preceito sancionatório, sob a forma de obrigação de entregar coisa certa ou incerta; de fazer ou de não fazer, ou de pagar quantia certa.

Exemplo de obrigação de *entregar coisa certa* seria a que tivesse como objeto a devolução de mostruário, pertencente ao empregado-vendedor, que se encontrasse, indevidamente, na posse do empregador; *de fazer*, a anotação na Carteira de Trabalho; a reintegração de empregado estável; de entregar as guias para a movimentação dos valores depositados no FGTS; *de não fazer*, a consistente na proibição de transferir o empregado para localidade diversa daquela em que deve prestar os seus serviços e de alterar, enfim, em prejuízo do trabalhador, determinada cláusula contratual, etc.

As sentenças condenatórias possuem apenas eficácia executiva, porquanto a execução forçada não se contém nelas.

Essa classe de sentença cria, pois, um outro direito de ação: o de invocar a tutela jurisdicional *executiva* do Estado.

Os efeitos que lhe são inerentes têm sentido retrooperante (*ex tunc*).

3) Os provimentos constitutivos criam uma situação ou relação jurídica, seja modificando, seja extinguindo a anterior; os seus efeitos liberam-se imediatamente ao proferimento, motivo por que não comportam execução forçada. Os efeitos temporais dessa modalidade de resolução judicial são *ex nunc*, ou seja, atuam somente a partir do momento em que se verifica o trânsito em julgado da decisão (sentença ou acórdão).

Sentença de típico teor de constitutividade, no processo do trabalho, é a que, em ação aforada pelo empregador, com o objetivo de demonstrar a prática de falta grave pelo empregado estável, conclui pela existência do ato faltoso e determina a ruptura do vínculo contratual; ou a que reconhece a estabilidade no emprego.

Há, a propósito, duas espécies de sentenças constitutivas: as *necessárias* e as *facultativas*; no primeiro caso, a lei exige que a constituição, modificação ou extinção do estado ou do liame jurídico apenas possa ocorrer mediante provimento jurisdicional (como se dá nos exemplos há pouco citados); no segundo, os efeitos jurídicos de certas manifestações de vontade podem ser produzidos extrajudicialmente, como, *e. g.*, na hipótese de dissolução do contrato de trabalho de empregado desprovido de garantia do emprego. É evidente que, se, neste último caso, as partes não se avierem quanto aos fatos que narramos, restará a uma delas o ingresso em juízo, caracterizando, dessa forma, a facultatividade da sentença constitutiva que vier a ser aí proferida.

b) Processo de execução

Não passou despercebido à argúcia de *Carnelutti* que, no processo de conhecimento, vai-se dos fatos ao direito (*da mihi factum dabo tibi ius*, consoante a vetusta regra romana), ao passo que no de execução se parte do direito (já reconhecido pela sentença condenatória) aos fatos (cuja atividade executória os altera para adequá-los ao direito).

Sem embargo, é por intermédio do processo de cognição que o Estado, declarando com quem está a razão jurídica disputada, faz incidir, com a autoridade que lhe é inerente, a vontade concreta da lei; o provimento jurisdicional, aqui, é dotado de um comando sancionatório, a que se submete o réu; por outro lado, esse mesmo provimento materializa um título executivo judicial, com base no qual o autor promoverá a execução forçada, tendente a compelir o réu a satisfazer a obrigação espelhada nesse título sentencial.Diz-se, por isso, que o objeto do processo executivo é a obtenção de um provimento *satisfativo* do direito do credor.

Pressuposto legal do processo em pauta é um título executivo, seja judicial ou extrajudicial; o primeiro está consubstanciado tanto na sentença condenatória passada em julgado quanto no acordo não cumprido (CLT, art. 876); o segundo, dentre outros, nos termos de ajustamento de conduta e nos termos de conciliação, firmados com o Ministério Público do Trabalho ou no âmbito das Comissões de Conciliação Prévia, respectivamente (*ibidem*).

No geral, o juiz não aprecia o mérito na execução, embora venha a fazê-lo se o devedor opuser embargos, hipótese em que poderá até mesmo advir uma fase de conhecimento incidental, com a realização de audiência (CLT, art. 884, § 2º).

Se estabelecermos um cotejo entre os processos de conhecimento e de execução veremos que, no primeiro, em que se verifica uma igualdade de situação das partes, a atividade desenvolvida pelo juiz é essencialmente jurisdicional; no segundo, caracterizada pela sujeição do devedor ao comando que se irradia da sentença exequenda, a atividade judicial é marcadamente *jurissatisfativa*, salvo se forem apresentados embargos pelo devedor, circunstância em que a atividade do juiz volta a ser, ainda que por momentos, jurisdicional, visto acontecer a reabertura do processo de cognição, com seu contraditório dialético.

O processo cognitivo destina-se, em resumo, a formular, pela sentença de mérito a que conduz e que o extingue, a regra jurídica concreta e apta para incidir na relação litigiosa, solvendo-a; na execução, a atividade desempenhada pelo órgão jurisdicional consiste, fundamentalmente, em fazer atuar, de maneira efetiva, a regra jurídica extraída do processo de conhecimento. Neste, como sabemos, as partes disputam o direito (daí a necessidade do contraditório, da bilateralidade, da ampla possibilidade de defesa e o mais); naquele, declarado o direito, exige-se do devedor, com meios coercitivos, a sua satisfação.

É de grande utilidade destacar que, em decorrência dessa diversidade teleológica de ambos os processos, a atividade jurisdicional, desenvolvida pelo Estado, num e noutro, também se revela distinta, pois "no de conhecimento ela é essencialmente intelectiva, ao passo que, no de execução, se manifesta, de maneira preponderante, através de atos materiais, destinados a modificar a realidade sensível, afeiçoando-a, na medida do possível, àquilo que, segundo o direito, ela deve ser" (José Carlos Barbosa Moreira, "O Novo Processo Civil Brasileiro", Rio: Forense, 2. ed., 1978, pág. 7).

Tem-se, portanto, que, em certo sentido, no processo de conhecimento o Estado, preponderantemente, *ouve* (a ambos os litigantes), enquanto no de execução *exige* (do devedor o cumprimento da obrigação). Essa observação põe em relevo, por certo, os caracteres mais expressivos dessas duas espécies de processo, pois, em verdade, também no de conhecimento o Estado formula, pela voz da lei, diversas *exigências* às partes, do mesmo modo como no de execução *ouve* os contendores, como se dá no caso — já referido — de o devedor oferecer os embargos que lhe são próprios.

Já no impropriamente denominado "processo de jurisdição voluntária" (*sic*), a atuação do juiz tem traços de nítida *jurisintegratividade*; a impropriedade da denominação repousa no fato de inexistir, aqui, *processo* (mas mero procedimento), *lide* (e sim interesses convergentes) ou *partes* (se não que interessados). Essa atividade desenvolvida pelo órgão jurisdicional traduz aquela *administração pública do direito*, a que se referiu Zanobini, cuja expressão Frederico Marques preferiu modificar para *administração pública de interesse privado* ("Ensaio sobre a Jurisdição Voluntária", São Paulo: 2. ed., 1958, pág. 78, nota 10), recebendo nisso a concordância de Lopes da Costa ("A Administração Pública e a Ordem Jurídica", Belo Horizonte: 1961, ns. 4 a 6, pág. 19 e segs).

É importante observar, a esta altura de nossa exposição, que a Lei n. 11.232/2005 revolucionou o sistema do processo civil ao deslocar para o processo de conhecimento (Livro I, do CPC), a execução fundada em título judicial, contra devedor privado, passando a denominá-la de "Cumprimento da Sentença" (arts. 475-I a 475-R). Do ponto de vista técnico, o que a referida norma legal fez foi: a) retirar a autonomia dessa execução, para convertê-la em uma simples fase do processo de conhecimento, posterior à sentença (condenatória); b) substituir os clássicos embargos do devedor pela "impugnação" ao título executivo judical.

A despeito dessa profunda modificação topológica no sistema do CPC de 1973, o "Cumprimento da Sentença" não deixa de ser execução, se consideramos a sua natureza e finalidade.O próprio art. 475-L, daquele CPC, afirmava que o cumprimento da sentença, em se tratando de obrigação por quantia certa, seria feito "por execução (...)".

O CPC de 2015 manteve o procedimento do "Cumprimento da Sentença" (arts. 513 a 538)

O procedimento do "Cumprimento da Sentença" (especialmente, os arts. 523, 524 e 525 CPC) é inaplicável ao processo do trabalho, porquanto a CLT não é omissa quanto à execução, como revelam os seus arts. 876 a 892.

c) Processo cautelar

A moderna ciência do processo tende, a poder de fartos argumentos, a considerar o processo cautelar como classe autônoma, separando-a das demais (de conhecimento e de execução).

No passado, a doutrina reduzia o processo cautelar a mero capítulo da execução. Referindo-se a essa atitude dos pensadores da época, *Pontes de Miranda* observa que eles imaginaram o processo de acautelamento como uma casa-portão, com grandes vivendas, tendo alguns processualistas italianos e alemães se perdido ao contemplar demasiadamente as vivendas, esquecendo-se da casa-portão, que tinham de estudar: "Não viram que era ilusão deles a casa-portão; não se deram conta de que introduziram elemento de preparatoriedade, que está longe de ser comum a todos os processos cautelares e raramente eles 'preparam' execução" ("Comentários ao Código de Processo Civil", Rio: Forense, 1976, págs. 20/21).

Sob a óptica da finalidade, a autonomia do processo cautelar é incontestável, pois reside na prevenção, na segurança. Andou certo, por isso, o Prof. *Alfredo Buzaid* quando, na Exposição de Motivos do Projeto do CPC de 1973, definiu esse processo como um terceiro gênero, que contém, a um só tempo, as funções do processo de conhecimento e de execução (Capítulo IV; 11).

Conquanto o processo cautelar tenha como escopo nuclear a preventividade, ele se faz dotado, em muitos casos, de atos característicos dos processos de cognição (o proferimento da sentença, *v. g.*) e de execução (apreensão e depósito de bens do devedor). Essa presença de atos próprios da cognição e da execução não lhe retira a marcante autonomia e especificidade quanto aos fins. Não se imagine que haja um processo cautelar de conhecimento e um processo cautelar de execução, porquanto isso implicaria negar a estrutura unitária desse processo.

Com mestria, *Frederico Marques* observa que os atos de conhecimento e de execução se amoldam às particularidades do processo cautelar, o mesmo acontecendo com a interligação deles no procedimento: atos decisórios, despacho de mero expediente e atos de coação sobre pessoas ou coisas vão sendo praticados, de maneira sucessiva ou simultânea, destinados, todos, ao atingimento do objetivo do processo acautelatório, concluindo que à medida que a providência cautelar é concedida, ou mais tarde alterada, substituída ou acrescida, por força de atos decisórios respectivos, tais atos vão sendo cumpridos imediatamente, "numa perfeita aglutinação, dentro de um mesmo processo, dos atos decisórios com os atos executivos de coação" ("Manual de Direito Processual Civil", São Paulo: Saraiva, 4. ed., 1981, 4º vol, pág. 349).

Não se inclina o processo cautelar, porém, à tutela do direito *material* acaso alegado pelo autor, pois esse caráter de satisfatividade é imanente ao processo cognitivo; o cautelar destina-se apenas à garantia e segurança da eficaz desenvolução do processo de conhecimento ou de execução, no que, aliás, concorre para a realização do objetivo geral da atividade jurisdicional, segundo escreveu *Liebman ("Manuale di Diritto Processuale Civile"*, 1968, vol. I, n. 2, pág. 36). A finalidade do processo em questão é, conseguintemente, garantir ao indivíduo o seu direito de ação e o próprio "devido processo legal" (*due process of law*). Assegurar, enfim, a possibilidade de ter "o seu dia na Corte" (*his day in Court*).

Embora o processo cautelar reflita peculiar modalidade de jurisdição, convém insistir em que ele não se ocupa da satisfação do direito material, que se alega estar em situação de periclitância, se não que de assegurar a viabilidade de esse direito ser apreciado em ação de mérito, mediante o afastamento desse estado de periclitância.

Nesse sentido é que deve ser interpretada a afirmação de *Calamandrei* de que o processo de conhecimento anseia a *infalibilidade* (o fenômeno da coisa julgada material provoca a imutabilidade dos resultados obtidos no processo), buscando, permanentemente, em razão disso, a verdade, ao passo que o processo cautelar se afasta dessa meta para contentar-se com a mera *plausibilidade* da situação controvertida.

A necessidade de urgente afastamento desse estado de periclitância do direito do autor justifica não somente a estrutura simplificada do processo cautelar, como o próprio alargamento da margem de discricionariedade do juiz, a refletir-se nos poderes diretivos mais amplos que, nesse caso, lhe confere a lei. Argumente-se com a possibilidade de ele emitir *in limine* a providência acautelatória, sem audiência da parte contrária. A oportunidade sugere-nos a nota de que, na Justiça do Trabalho, o poder geral de cautela do magistrado (CPC, art. 301) coloca-se em plena harmonia com o princípio impresso no art. 765 da CLT, que lhe outorga ampla liberdade na condução do processo.

Podemos mesmo dizer que essas características do processo cautelar — estrutura simplificada e maior quantidade de poderes diretivos concedidos ao juiz — encaixam-se, no processo do trabalho, como a mão à luva, pois este ostenta os mesmos atributos, embora não se resumam a esses dois. Exigem-se, na prática, apenas algumas adaptações relativas ao procedimento. O processo cautelar integra o elenco das denominadas *tutelas de urgência,* destinadas ao pronto atendimento de direitos colocados em situação de periclitância, por ato de outrem. Precisamente por isso é que a sua estrutura é simplificada, baseando-se em uma cognição apenas sumária, que conduz, por sua vez, à formulação de um juízo de mera probabilidade ou de verossimilhança. A cognição, em sede de processo de conhecimento, ao contrário, é exaustante por exigir a formulação de um juízo de certeza, de convicção; por isso, ademora que caracteriza a solução das lides submetidas ao processo essencialmente cognitivo.